高校入試

英語の基礎をやさしくまとめるノート

中学1・2年のスッキリ総復習

東京書籍

みなさんは高校入試の対策をどのように進めていますか？
実は高校入試の**約7割は中学1・2年で学習した内容から出題**されています。
つまり，**中学1・2年の内容をしっかり理解する**ことが**合格への近道**なのです。
この教材は，その第一歩として，**中学1・2年の内容の基礎基本をノート形式**でまとめながら，しっかりと身につけていくことをねらいとして編集されています。
効率的な高校入試対策を行うためにお役立てください。

この本の特色

その1 中学1・2年の内容を整理ノート形式でまとめています。
- ただ読むだけでなく，**重要事項を書きこむ**形式になっていますので，まるで自分で作った**ノートのような感覚**で分かりやすくまとめられます。

その2 重要なところがひと目で分かるように見やすい構成になっています。
- **書きこみ**や**赤文字**，**太文字**で，どこが重要なのかがよく分かるようになっています。
- **暗記用フィルター**を使って，**確認・学習できる**ようになっています。

その3 練習問題「いまの実力を確認しよう」で理解度を確かめられます。
- 入試問題を参考に，**基礎基本を理解していれば解ける問題**で構成しています。

まちがえたところは，整理ノートの部分でもう一度確かめるようにしよう。

英語では…

- **文法事項ごとに基本文**を示して，**分かりやすく解説**しています。また，その他の**例文も豊富**に使い，**英文を通しての文法の理解**がしやすくなっています。
- 会話表現では，場面を設定した会話文をのせているので，**重要表現をおさえる**だけでなく，**会話の流れをつかむ**こともできます。

目次

中1 英語

- ① be動詞 …………………………………………… 4
- ② 一般動詞(1)―1人称・2人称 ……………… 6
- いまの実力を確認しよう ……………………… 8
- ③ 名詞・形容詞 …………………………………… 10
- ④ 命令文 …………………………………………… 12
- ⑤ 一般動詞(2)―3人称単数 …………………… 14
- いまの実力を確認しよう ……………………… 16
- ⑥ 疑問詞(1)―what ……………………………… 18
- ⑦ 疑問詞(2)―who, which, whose …………… 20
- ⑧ 疑問詞(3)―where, when …………………… 22
- ⑨ 疑問詞(4)―how ……………………………… 24
- いまの実力を確認しよう ……………………… 26
- ⑩ 代名詞 …………………………………………… 28
- ⑪ 現在進行形 ……………………………………… 30
- ⑫ 助動詞(1)―can ………………………………… 32
- いまの実力を確認しよう ……………………… 34

中2 英語

- ⑬ 一般動詞の過去形 ……………………………… 36
- ⑭ be動詞の過去形 ………………………………… 38
- いまの実力を確認しよう ……………………… 40
- ⑮ 未来形(1)―be going to … …………………… 42
- ⑯ 未来形(2)―will ………………………………… 44
- ⑰ 助動詞(2)―have to …, must ………………… 46
- いまの実力を確認しよう ……………………… 48
- ⑱ 注意すべき動詞の使い方 ……………………… 50
- ⑲ There is …. ……………………………………… 52
- いまの実力を確認しよう ……………………… 54
- ⑳ 不定詞・動名詞 ………………………………… 56
- いまの実力を確認しよう ……………………… 58
- ㉑ 接続詞 …………………………………………… 60
- いまの実力を確認しよう ……………………… 62
- ㉒ 比較 ……………………………………………… 64
- いまの実力を確認しよう ……………………… 66

会話表現

- ㉓ 会話表現(1)―電話 …………………………… 68
- ㉔ 会話表現(2)―道案内 ………………………… 70
- いまの実力を確認しよう ……………………… 72
- ㉕ 会話表現(3)―買い物 ………………………… 74
- ㉖ 会話表現(4)―許可・依頼・ものをすすめる …… 76
- いまの実力を確認しよう ……………………… 78

● まとめて覚えたい単語―数字・曜日・月 ……………… 80

1 be動詞

基本文 1
「…です」(be動詞の文)

I **am** Keiko. （私は恵子です）

You **are** Ann. （あなたはアンです）

He **is** a baseball player. （彼は野球選手です）

ポイントチェック

▶「…です」と言うときは，**am**，**are**，**is** のいずれかを使う。

この am, are, is を **be動詞**といい，主語によって使い分ける。

- 〔① 　　　〕を使う…**I** のとき
- 〔② 　　　〕を使う…**you**, **we**, **they** などのとき
- 〔③ 　　　〕を使う…**he**, **she**, **this**, **that**, **it** などのとき

▶〈主語＋be動詞〉の短縮形は次のとおり。

・I am → I'm		・you are → you're	
・he is → he's		・she is → 〔④ 　　　〕	
・we are → 〔⑤ 　　　〕		・they are → 〔⑥ 　　　〕	
・that is → 〔⑦ 　　　〕		・it is → it's	

基本文 2
「…ですか」(be動詞の疑問文)

Are you from Australia? （あなたはオーストラリア出身ですか）

— Yes, I **am**. （はい，そうです）
　No, I **am not**. （いいえ，ちがいます）

ポイントチェック

▶「…ですか」という**疑問文**は，**be動詞**を主語の前に出す。

「…です」 　You **are** from Australia.

「…ですか」 **Are** you 　from Australia?

学習日： 月 日

▶答えるときは，be動詞を使って答える。
「はい，そうです」　　Yes, I **am**.
「いいえ，ちがいます」　No, I **am not**.

中1英語

基本文 3　「…ではありません」（be動詞の否定文）

This is **not** my pen.　（これは私のペンではありません）

ポイントチェック

▶「…ではありません」という**否定文**は，**be動詞**のあとに〔⑧　　　　〕を置く。

「…です」　　　　　　 This is 　　 my pen.

「…ではありません」　This is **not** my pen.

▶〈be動詞＋not〉の短縮形は次のとおり。
・is not → 〔⑨　　　　　〕　　・are not → 〔⑩　　　　　　〕

基本文 4　「…は何ですか」（What is ...?）

What is this?　（これは何ですか）
— It is a ball.　（それはボールです）

ポイントチェック

▶「…は何ですか」とたずねるときは，〈〔⑪　　　　　〕 **is** ...?〉と言う。

「ボールですか」　　　Is this a ball?

「何ですか」　　　　　**What** is this?
　　　　　　　　　　　「何」

◎ what is の短縮形→〔⑫　　　　　〕

whatの疑問文は，下げ調子で読むよ。

▶〈What is ...?〉とたずねられたら，〈It is ....〉や〈It's ....〉の形で，具体的に答える。
It's a ball.

解答　① am　② are　③ is　④ she's　⑤ we're　⑥ they're　⑦ that's　⑧ not　⑨ isn't
⑩ aren't　⑪ What　⑫ what's

5

2 一般動詞(1) ― 1人称・2人称

> **基本文 1** 「…します」(一般動詞の文)
>
> I **like** music. (私は音楽が好きです)

ポイントチェック

▶ like(…が好き), 〔①　　　　〕(…を演奏する), 〔②　　　　〕(…を話す), 〔③　　　　〕(来る)などの **be動詞以外の動詞**を<u>一般動詞</u>という。

一般動詞のあとには, <u>目的語</u>(「…を」にあたる語)を置くことが多い。

I **like** music.
「好き」　└目的語(「…を」)

▶ be動詞と一般動詞がいっしょに使われることはない。

× I a~~m~~ play tennis.
○ I play tennis.

> **基本文 2** 「…しますか」(一般動詞の疑問文)
>
> **Do** you play the guitar? (あなたはギターをひきますか)
>
> ― Yes, I **do**. (はい, ひきます)
> 　 No, I **do not**. (いいえ, ひきません)

ポイントチェック

▶ 主語が you や複数(we や they など)で,「…しますか」という**疑問文**を作るときは, **主語の前に**〔④　　　　〕を置く。

「…をひきます」　　　You play the guitar.

「…をひきますか」　**Do** you play the guitar?

▶ 〈Do …?〉とたずねられたら, <u>do</u> を使って答える。

「はい, ひきます」　　Yes, I **do**.
「いいえ, ひきません」　No, I **do not**.

◎ do not の短縮形→〔⑤　　　　〕

基本文 3 「…しません」(一般動詞の否定文)

I do not have a bike. （私は自転車を持っていません）

ポイントチェック

▶ 主語が I, you, 複数で,「…しません」という**否定文**を作るときは,**動詞の前に**〔⑥　　　〕〔⑦　　　〕を置く。

「…を持っています」　　I　　　have a bike.

「…を持っていません」　I **do not** have a bike.

基本文 4 「何を…しますか」(What do you ...?)

What do you want?　（あなたは何がほしいですか）

― I want a camera.　（私はカメラがほしいです）

ポイントチェック

▶「何を…しますか」とたずねるときは,文のはじめに〔⑧　　　　〕を置き,うしろに〈do you ...?〉のような**疑問文の形**を続ける。

「…がほしいですか」　　　Do you want a camera?

「何がほしいですか」　　**What** do you want?
　　　　　　　　　　　　「何」

▶〈What do you ...?〉とたずねられたら,〈I+一般動詞 ....〉で具体的に答える。

I want a camera.

what の疑問文には,Yes や No では答えないよ。ここでは What do you want? と want を使って聞いているから,want を使って答えているんだよ。

解答
① play　② speak　③ come　④ do　⑤ don't　⑥ do　⑦ not　⑧ what

いまの実力を確認しよう

1 日本文に合う英文になるように，＿＿に正しい語を入れなさい。

(1) 私はたいてい歩いて学校に行きます。

I usually ＿＿＿＿＿ to school.

(2) 私はテニス部の一員ではありません。

＿＿＿＿＿ ＿＿＿＿＿ a member of the tennis team.

(3) あなたは日曜日に何をしますか。

＿＿＿＿＿ ＿＿＿＿＿ you ＿＿＿＿＿ on Sunday?

(4) 私たちは同じクラスです。

＿＿＿＿＿ in the same class.

(5) これは何ですか。 ― それはサッカーについての本です。

＿＿＿＿＿ ＿＿＿＿＿ this? ― ＿＿＿＿＿ a book about soccer.

2 意味の通る対話になるように，＿＿に正しい語を入れなさい。

(1) A : ＿＿＿＿＿ ＿＿＿＿＿ they need?

B : They need a camera.

(2) A : ＿＿＿＿＿ that a restaurant?

B : No, ＿＿＿＿＿ is not.

(3) A : ＿＿＿＿＿ ＿＿＿＿＿ live in Tokyo?

B : No, they don't.

(4) A : ＿＿＿＿＿ that?

B : It's a picture of my family.

3 ＿＿に入る語を，下から選んで書きなさい。ただし，同じ語を２度使わないこと。

(1) My brother ＿＿＿＿＿ not at home now.

(2) I ＿＿＿＿＿ eat rice for breakfast.

(3) ＿＿＿＿＿ you often go shopping with your mother?

(4) My parents ＿＿＿＿＿ in Kyoto now.

(5) I ＿＿＿＿＿ a junior high school student.

am	are	is	do	don't

8

4 (1)〜(3)を否定文に，(4)・(5)を疑問文に，それぞれ書きかえなさい。

(1) I use this computer.
   I _____ _____ use this computer.
(2) They are university students.
   They _____ university students.
(3) We know this song.
   We _____ _____ this song.
(4) You come to school on Tuesday.
   _____ you _____ to school on Tuesday?
(5) He's a good basketball player.
   _____ _____ a good basketball player?

5 日本文に合う英文になるように，(　　)内の語句を正しく並べ替えなさい。

(1) あなたはかばんに何を持っていますか。
   (in / you / your bag / what / do / ? / have)

(2) 私たちは毎年京都を訪れます。
   (visit / every / Kyoto / we / . / year)

(3) 彼女は教室にいますか。
   (the classroom / she / ? / in / is)

○解答

1 (1) walk (2) I'm, not (3) What, do, do (4) We're (5) What, is, It's

2 (1) What, do (2) Is, it (3) Do, they (4) What's

3 (1) is (2) don't (3) Do (4) are (5) am

4 (1) do, not (2) aren't (3) don't, know (4) Do, come (5) Is, he

5 (1) What do you have in your bag?
(2) We visit Kyoto every year.
(3) Is she in the classroom?

3 名詞・形容詞

基本文 1　2つ以上のものの表し方（名詞の複数形）

I have two **balls**.　（私はボールを2つ持っています）

ポイント チェック

▶数えられるものが2つ以上あるときは，<u>名詞</u>に **-s** や **-es** をつける。この -s や -es のついた形を<u>複数形</u>という。

「ボールを1つ持っています」　I have　a　ball.

「ボールを2つ持っています」　I have two balls.

▶複数形は，次のようにして作る。

●ふつうは -s をつける

　pen → [①　　　　　]，cat → [②　　　　　]

● **s**, **x**, **ch**, **sh** で終わる語 → **-es** をつける

　box → [③　　　　　]，watch → [④　　　　　]

●〈子音字＋**y**〉で終わる語 → **y** を **i** にかえて **-es** をつける

　city → [⑤　　　　　]，family → [⑥　　　　　]

●不規則に変化する

　child（子ども）→ [⑦　　　　　]，man（男の人）→ [⑧　　　　　]，
　woman（女の人）→ [⑨　　　　　]

基本文 2　「いくつの…」（How many ...?）

How many pens do you have?
　（あなたは何本のペンを持っていますか）
― I have five (pens).
　（私は5本のペンを持っています）

ポイント チェック

▶「いくつの…」と，数をたずねるときは，
　〈[⑩　　　　　] [⑪　　　　　]＋名詞の複数形〉を使う。

「5本持っていますか」　　　　　　　Do you have five pens?

「何本持っていますか」　How many pens do you have?
　　　　　　　　　　　「何本の…」

〈how many＋名詞の複数形〉のあとには，〈do you ～?〉のような**疑問文の形**を続ける。

▷〈How many ...?〉とたずねられたら，数を答える。

I have five pens.

名詞を省略して，I have five. や Five. のように，数だけを答えることもできる。

基本文 3　状態や性質の表し方（形容詞）

I have an **interesting** book.
（私はおもしろい本を持っています）

This book is **interesting**.　（この本はおもしろいです）

ポイントチェック

▷interesting（おもしろい），〔⑫　　　　　　　　　〕（美しい），
〔⑬　　　　　〕（新しい），〔⑭　　　　　　〕（簡単な）などの，ものや人の状態・性質を表す語を**形容詞**という。

形容詞には次のように，2つの使い方がある。

●〈形容詞＋名詞〉の形で使い，あとの名詞を説明する。

I have an interesting book.
　　　　　　　↑
　　あとの名詞（book）を説明

> a book に interesting が入ると，an interesting book になるから注意！

●be動詞のあとに置いて，主語を説明する。

This book is interesting.
↑
主語（This book）を説明

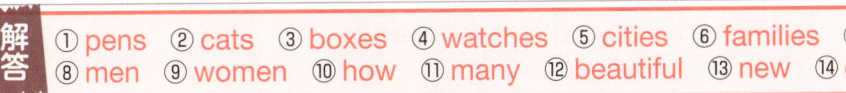

解答　①pens　②cats　③boxes　④watches　⑤cities　⑥families　⑦children　⑧men　⑨women　⑩how　⑪many　⑫beautiful　⑬new　⑭easy

4 命令文

> **基本文1**
>
> 「…しなさい」(命令文)
>
> **Use** this computer. (このコンピューターを使いなさい)
>
> **Be** careful. (気をつけなさい)

ポイントチェック

▶「…しなさい」と相手に指示するときは，主語を省略して，<u>動詞の原形</u>で文を始める。

「…します」　　You **use** this computer.

「…しなさい」　　**Use** this computer.
　　　　　　　　└─動詞の原形で文を始める

▶ be動詞を使って「…しなさい」，「…でいなさい」と言うときは，<u>am</u>, <u>are</u>, <u>is</u> の原形である[①　　　]を使う。

「…です」　　You **are** careful.

「…しなさい」　　**Be** careful.
　　　　　　　　└─**Be** で文を始める

Tom, be careful. (トム，気をつけなさい)
と，呼びかけの語をつけることもできるよ。

> **基本文2**
>
> 「…してください」(ていねいな命令文)
>
> **Please** use this computer.
> 　(このコンピューターを使ってください)

ポイントチェック

▶「…してください」とていねいに言うときは，文の最初か最後に[②　　　　　]を置く。文の最後に置くときは，直前にコンマ(,)をつける。

「…してください」　**Please** use this computer.
　　　　　　　　= Use this computer, **please**.
　　　　　　　　　　　　　　　　└─コンマ

学習日： 月 日

基本文 3

「…してはいけません」（否定の命令文）

Don't speak Japanese here.
（ここでは日本語を話してはいけません）

ポイントチェック

▶「…してはいけません」と禁止するときは，〈[③　　　　]＋動詞の原形 ....〉を使う。

「…しなさい」　　　Speak Japanese here.

「…してはいけません」　**Don't** speak Japanese here.
　　　　　　　　　　└─〈**Don't**＋動詞の原形〉

be動詞を使った文のときは，〈[④　　　　][⑤　　　　]....〉の形を使う。

Don't be late. （遅れてはいけません）

基本文 4

「…しましょう」（Let's ....）

Let's play baseball. （野球をしましょう）

ポイントチェック

▶「…しましょう」と提案したり，誘ったりするときは，
〈[⑥　　　　]＋動詞の原形 ....〉を使う。

「…しなさい」　　　Play baseball.

「…しましょう」　**Let's** play baseball.
　　　　　　　　└─〈**Let's**＋動詞の原形〉

▶〈Let's ....〉と誘われたときは，次のように応じる。
●誘いに応じるとき…**OK.**（いいですよ）／**All right.**（いいですよ）／
　　　　　　　　　　Yes, let's.（はい，そうしましょう）など
●誘いを断るとき…**No, let's not.**（いいえ，やめておきましょう）

解答
① be　② please　③ Don't　④ Don't　⑤ be　⑥ Let's

5 一般動詞(2) ― 3人称単数

> **基本文 1**
>
> 「(彼女は)…します」(3人称単数現在の文)
>
> She **lives** in Tokyo. （彼女は東京に住んでいます）

ポイント チェック

▶話し手(I)を **1人称**，聞き手(you)を **2人称** といい，それ以外の人やものを **3人称** という。一般動詞の文で，**主語が3人称単数**のときは，動詞に **-s** か **-es** をつける。

「私は…に住んでいます」　　I　live　in Tokyo.

「彼女は…に住んでいます」　She **lives** in Tokyo.
　　　　　　　　　　　　　　　└─ 動詞に **-s**

▶次のようにして，動詞に -s や -es をつける。

● ふつうは **-s** をつける

　play →〔① 　　　　　〕，like →〔② 　　　　　〕

● **o, s, x, ch, sh** で終わる語→ **-es** をつける

　go →〔③ 　　　　　〕，watch →〔④ 　　　　　〕

● 〈子音字＋y〉で終わる語→ **y** を **i** にかえて **-es** をつける

　study →〔⑤ 　　　　　〕，try →〔⑥ 　　　　　〕

● 不規則に変化する

　have →〔⑦ 　　　　　〕

> **基本文 2**
>
> 「(彼女は)…しますか」(3人称単数現在の疑問文)
>
> **Does** she speak Japanese? （彼女は日本語を話しますか）
>
> ― Yes, she **does**. （はい，話します）
> 　　No, she **does not**. （いいえ，話しません）

ポイント チェック

▶主語が3人称単数で，「…しますか」という**疑問文**を作るときは，**主語の前に**〔⑧ 　　　　　〕を置き，動詞は**原形**にする。

学習日：　月　日

中1 英語

「…を話します」　　　　She speaks Japanese.

「…を話しますか」　**Does** she speak Japanese?
　　　　　　　　　　　　　　　　└─動詞は原形

▷〈Does ...?〉とたずねられたら，〔⑨　　　　　〕を使って答える。

「はい，話します」　　　Yes, she **does**.

「いいえ，話しません」　No, she **does not**.

◎ does not の短縮形→〔⑩　　　　　　　〕

▷主語が3人称単数で，「何を…しますか」とたずねるときは，文のはじめに
〔⑪　　　　　〕を置き，うしろに〈does she ...?〉のような**疑問文の形**を続ける。

What does she **have** in her hand? （彼女は手に何を持っていますか）
― She **has** a ball. （彼女はボールを持っています）

基本文3　「（彼女は）…しません」（3人称単数現在の否定文）

She **does not** like sports.
（彼女はスポーツが好きではありません）

ポイント チェック

▷主語が3人称単数で，「…しません」という**否定文**を作るときは，
動詞の前に〔⑫　　　　〕〔⑬　　　　〕を置き，動詞は**原形**にする。

「…が好きです」　　　　　She　　　likes sports.

「…が好きではありません」　She **does not** like sports.
　　　　　　　　　　　　　　　　　└─動詞は原形

doesを使った疑問文・否定文では，
動詞は必ず原形になるよ。
-s や -es のついた形にしないように注意！

解答　①plays　②likes　③goes　④watches　⑤studies　⑥tries　⑦has　⑧does
　　　　⑨does　⑩doesn't　⑪what　⑫does　⑬not

いまの実力を確認しよう

1 各語を複数形にしなさい。

(1) bus _____　　(2) egg _____
(3) city _____　　(4) child _____
(5) box _____　　(6) cat _____

2 日本文に合う英文になるように，____ に正しい語を入れなさい。

(1) ここにあなたの名前を書きなさい。
  _____ your name here.
(2) 遅れてはいけません。
  _____ _____ late.
(3) 放課後サッカーをしましょう。　　— はい，そうしましょう。
  _____ _____ soccer after school.　— Yes, _____.
(4) あなたはノートが何冊必要ですか。　　— 5冊必要です。
  _____ _____ _____ do you need?　— I need _____.
(5) 気をつけなさい。
  _____ careful.
(6) 彼女は手に何を持っていますか。　　— 彼女は写真を持っています。
  _____ _____ she have in her hand?　— She _____ a picture.
(7) これはおもしろい本です。
  This is _____ _____ _____.
(8) あなたのお姉さんは東京に住んでいますか。　　— いいえ，住んでいません。
  _____ your sister _____ in Tokyo?　— No, she _____.

3 各文を，（　）内の指示にしたがって書きかえなさい。

(1) My brother goes to the library every week. （否定文に）
  My brother _____ _____ to the library every week.
(2) She likes music. （疑問文に）
  _____ she _____ music?
(3) I have a brother. （下線部を He にかえて）
  He _____ a brother.
(4) I have a watch. （下線部を two にかえて）
  I have two _____.

4 （　）内の語を正しい形にかえて，＿＿に書きなさい。かえる必要がなければ，そのまま書きなさい。

(1)　Don't (use) my bike now.

(2)　This is my friend Kumi.

　　She (study) in the library on Sunday.

(3)　(Come) to my house with your brother.

(4)　This is my brother.

　　He (do) not like video games.

(5)　Does your mother (make) dinner every day?

5 日本文に合う英文になるように，（　）内の語句を正しく並べ替えなさい。

(1)　あなたはイヌを何匹飼っていますか。

　　(have / many / dogs / you / how / do / ?)

(2)　彼女はとても美しいです。

　　(very / she / is / . / beautiful)

(3)　これらの写真を見てください。

　　(look / please / . / these pictures / at)

(4)　公園でテニスをしましょう。

　　(tennis / let's / the park / . / in / play)

◯解答

1 (1) buses　(2) eggs　(3) cities　(4) children　(5) boxes　(6) cats

2 (1) Write　(2) Don't, be　(3) Let's, play, let's

　　(4) How, many, notebooks, five　(5) Be　(6) What, does, has

　　(7) an, interesting, book　(8) Does, live, doesn't

3 (1) doesn't, go　(2) Does, like　(3) has　(4) watches

4 (1) use　(2) studies　(3) Come　(4) does　(5) make

5 (1) How many dogs do you have?　(2) She is very beautiful.

　　(3) Please look at these pictures.　(4) Let's play tennis in the park.

6 疑問詞(1)—what

> **基本文1**
>
> 「どんな～を…しますか」(What＋名詞 …?)
>
> **What subject** do you like? （あなたは何の教科が好きですか）
>
> ― I like math. （私は数学が好きです）

ポイントチェック

▶「どんな～を…しますか」や「何の～を…しますか」とたずねるときは，
〈[① 　　　]＋名詞〉で文を始める。

「何の教科を…しますか」　**What subject** do you like?
　　　　　　　　　　　　　　└──〈what＋名詞〉

what は，単独だと「何」，〈what＋名詞〉の形だと「どんな」や「何の」の意味を表す。
What do you like? （あなたは何が好きですか）
What sport do you like? （あなたは何のスポーツが好きですか）

▶〈What＋名詞 …?〉に対しては，次のように具体的に答える。
I like math.

> **基本文2**
>
> 「何時ですか」(What time is it?)
>
> **What time is it?** （何時ですか）
>
> ― It is eight (o'clock). （8時です）

ポイントチェック

▶「何時ですか」とたずねるときは，〈[② 　　　][③ 　　　] is it?〉と言う。

「何時ですか」　**What time** is it?
　　　　　　　　　└「何時」

▶「…時です」と時刻を言うときは，〈[④ 　　　] is＋時刻.〉の形を使う。
「8時」や「9時」のように，「(ちょうど)…時です」と言うときは，
〈It is … o'clock.〉と言うが，**o'clock** は省略することができる。

「…時です」　It is eight (o'clock).
　　　　　　　　　　└時刻

「…時〜分です」と言うときは，「時」「分」の順に数を言い，「分」まで言うときは，o'clock は使わない。

It is **three thirty**.（3時30分です）

また，「午前6時」や「午後3時」などのように，くわしく時刻を言うときは，次のような語句を時刻を表す語のうしろに置く。

- in the [⑤　　　　　　]（朝の，午前の）
- in the [⑥　　　　　　]（午後の）
- in the [⑦　　　　　　]（夕方の）

It is five **in the evening**.（夕方の5時です）

▶「時」や「天候」を表す文の主語の[⑧　　　]は，形だけの主語で意味はもたない。

It is sunny today.（今日は晴れています）
└「天候」を表す

基本文3

「何時に…しますか」（What time do you ...?）

What time do you get up? （あなたは何時に起きますか）
— I get up at seven (o'clock). （私は7時に起きます）

ポイントチェック

▶「何時に…しますか」とたずねるときは，文のはじめに〈[⑨　　　][⑩　　　　]〉を置き，うしろに**疑問文の形**を続ける。

「何時に…しますか」　**What time** do you get up?
　　　　　　　　　　「何時に」

▶「〜時に…します」と答えるときは，〈[⑪　　　]＋時刻〉の形を使う。

I get up at seven (o'clock).
　　　　　　〈**at**＋時刻〉

数字を英語で書けるかな？
80ページを見て確認しておこう。

解答　①what　②What　③time　④It　⑤morning　⑥afternoon　⑦evening　⑧it
　　　　⑨what　⑩time　⑪at

7 疑問詞(2) — who, which, whose

> **基本文 1**
>
> 「…はだれですか」(Who is ...?)
>
> **Who** is that man? （あの男の人はだれですか）
> — He is my teacher. （彼は私の先生です）

ポイントチェック

▶「…はだれですか」とたずねるときは，〈[①　　　　] is ...?〉と言う。

「…はあなたの先生ですか」　　Is that man your teacher?

「…はだれですか」　　**Who** is that man?
　　　　　　　　　　「だれ」

◎ who is の短縮形 → [②　　　　]

▶〈Who is ...?〉とたずねられたら，自分との関係，身分，名前などを答える。

He is my teacher.

> **基本文 2**
>
> 「AとBのどちらが…ですか」(Which is ..., A or B?)
>
> **Which** is your favorite, spring **or** summer?
> （あなたのお気に入りは春と夏のどちらですか）
> — Spring is. （春です）

ポイントチェック

▶2つ以上のものについて，「どちら」や「どれ」とたずねるときは，[③　　　　]を使う。

「春が…です」　　Spring is your favorite.

「どちらが…ですか」　　**Which** is your favorite?
　　　　　　　　　　　「どちら」

これに，「Aですか，Bですか」を加えるときは，〈A [④　　　　] B〉の形を使う。

Which is your favorite, spring **or** summer?
　　　　　　　　　　　　　　　〈A or B〉

▶答えるときは，どちらか一方を答える。

Spring is.

▶「どちらを…しますか」のように一般動詞を使うときは，次のようになる。

Which do you want, coffee **or** tea?
（あなたはコーヒーと紅茶ではどちらがほしいですか）
— I want coffee. （私はコーヒーがほしいです）

基本文 3　「だれの…ですか」（Whose＋名詞 …?）

Whose car is this?　（これはだれの車ですか）
— It is mine.　（それは私のものです）

ポイントチェック

▶「だれの…ですか」と持ち主をたずねるときは，〈[⑤　　　]＋**名詞**〉で文を始める。

「あなたの…ですか」　　　　Is this your car?

「だれの…ですか」　　**Whose** car is this?
　　　　　　　　　　「だれの…」

▶〈Whose …?〉に対しては，「…のもの」を表す形を使って，持ち主を答える。

「私のものです」　It is **mine** .

▶「…のもの」を表す形は，次のとおり。

・mine（私のもの）　　　　　・[⑥　　　]（あなた(たち)のもの）
・[⑦　　　]（彼のもの）　　・[⑧　　　]（彼女のもの）
・[⑨　　　]（私たちのもの）・[⑩　　　]（彼らのもの）
・Ichiro's（一郎のもの）　　・my father's（私の父のもの）

Ichiro's や my father's は，すぐあとに名詞を続けて「…の〜」の意味でも使う。

This bag is Ichiro's.　（このかばんは一郎のものです）
　　　　　　└─「一郎のもの」

This is Ichiro's bag.　（これは一郎のかばんです）
　　　　　└─「一郎の」

解答　①Who　②who's　③which　④or　⑤whose　⑥yours　⑦his　⑧hers　⑨ours　⑩theirs

8 疑問詞(3) ― where, when

基本文1
「…はどこにありますか」(Where is ...?)
Where is my book? （私の本はどこにありますか）
― It is in the box. （それは箱の中にあります）

ポイントチェック

▶「…はどこにありますか」や「…はどこにいますか」と場所をたずねるときは，
〈[①　　　　] [②　　　　] ...?〉か，縮めて〈[③　　　　] ...?〉と言う。

「箱の中にありますか」　　　Is my book in the box?

「どこにありますか」　　　**Where** is my book?
　　　　　　　　　　　　「どこに」

▶〈Where is ...?〉とたずねられたら，場所を答える。
　It is in the box.

場所は，in 以外に，次のような語を使って表す。
・[④　　　　] ...（…の上に）　・[⑤　　　　] ...（…のそばに）
・[⑥　　　　] ...（…の近くに）　・[⑦　　　　] ...（…の下に）など

2つ以上のものについてたずねるときは，〈**Where** [⑧　　　　] ...?〉となる。

基本文2
「どこで…しますか」(Where do you ...?)
Where do you live? （あなたはどこに住んでいますか）
― I live in Tokyo. （私は東京に住んでいます）

ポイントチェック

▶「どこで…しますか」や「どこへ…しますか」と場所をたずねるときは，
[⑨　　　　] で文を始め，あとには〈do you ...?〉や〈does he ...?〉のような**疑問文の形**を続ける。

「東京に住んでいますか」　　　Do you live in Tokyo?

「どこに住んでいますか」　　　**Where** do you live?
　　　　　　　　　　　　　　「どこに」

▶〈Where ...?〉とたずねられたら，場所を答える。
　I live in Tokyo.

22

基本文 3

「…はいつですか」(When is ...?)

When is your birthday? （あなたの誕生日はいつですか）
— It is April 5. （4月5日です）

ポイントチェック

▶「…はいつですか」と時をたずねるときは，〈[⑩　　　][⑪　　　]...?〉と言う。

「4月5日ですか」　　Is your birthday April 5?

「いつですか」　　**When** is your birthday?
　　　　　　　　　「いつ」

▶〈When is ...?〉とたずねられたら，時を答える。
　It is April 5.

基本文 4

「いつ…しますか」(When do you ...?)

When do you play tennis? （あなたはいつテニスをしますか）
— I play it after school. （私は放課後それをします）

ポイントチェック

▶「いつ…しますか」と時をたずねるときは，[⑫　　　]で文を始め，あとには〈do you ...?〉や〈does he ...?〉のような**疑問文の形**を続ける。

「放課後しますか」　　Do you play tennis after school?

「いつしますか」　　**When** do you play tennis?
　　　　　　　　　「いつ」

▶〈When ...?〉とたずねられたら，時を答える。
　I play it after school.

▶時を表す語句には，次のようなものがある。
・[⑬　　　] summer（夏に）　　・[⑭　　　] April（4月に）
・[⑮　　　] Sunday（日曜日に）　・[⑯　　　] the morning（午前中に）
・[⑰　　　] dinner（夕食の前に）　など

解答
① Where　② is　③ Where's　④ on　⑤ by　⑥ near　⑦ under　⑧ are
⑨ where　⑩ When　⑪ is　⑫ when　⑬ in　⑭ in　⑮ on　⑯ in　⑰ before

月・曜日の英語は，80ページを見て確認しておこう。

9 疑問詞(4)—how

基本文1 「…はどうですか」(How ...?)

How is your mother?　（あなたのお母さんはどうですか）
— She is fine.　（彼女は元気です）

ポイントチェック

▶「…はどうですか」と状態や様子をたずねるときは，〔① 　　　　　〕で文を始める。

「元気ですか」　　Is your mother fine?

「どうですか」　**How** is your mother?
　　　　　　　「どう」

◎ how is の短縮形→〔② 　　　　　〕

▶〈How ...?〉(…はどうですか)とたずねられたら，状態を答える。
She is fine.

▶「どう」という意味の how を使って，天気をたずねることもできる。
How's the weather in Tokyo?　（東京の天気はどうですか）
— **It** is sunny.　（晴れています）

基本文2 「どのようにして…しますか」(How do you ...?)

How do you go to school?
（あなたはどのようにして学校に行きますか）
— I go to school by bus.　（私はバスで学校に行きます）

ポイントチェック

▶「どのようにして…しますか」と手段や方法をたずねるときは，〔③ 　　　　　〕で文を始め，あとには〈do you ...?〉や〈does he ...?〉のような**疑問文の形**を続ける。

「バスで行きますか」　　　Do you go to school by bus?

「どのようにして行きますか」　**How** do you go to school?
　　　　　　　　　　　　「どのようにして」

▷〈How ...?〉（どのようにして…しますか）とたずねられたら，手段・方法を答える。

I go to school by bus.

交通手段を表すときは，〈**by**＋交通手段〉の形を使い，a や an，the はつけない。

基本文3 「…は何歳ですか」（How old ...?）

How old is she? （彼女は何歳ですか）
— She is fifteen (years old). （彼女は15歳です）

ポイントチェック

▷「何歳ですか」と年齢をたずねるときは，〈[④　　　][⑤　　　]〉を使う。

「15歳ですか」　　Is she fifteen years old?

「何歳ですか」　**How old** is she?
　　　　　　　　　「何歳」

▷〈How old ...?〉とたずねられたら，年齢を答える。

She is fifteen (years old).

▷〈how old〉のように **how** のあとに形容詞や副詞を続けた形には，次のようなものがある。

How long is this class? （この授業はどのくらいの長さですか）
— It is fifty minutes **long**. （50分です）

How much is this watch? （この腕時計はいくらですか）
— It is eighty dollars. （80ドルです）

重要

疑問詞で始まる疑問文の作り方には，次の2つのパターンがある。
● 多くの場合…〈疑問詞＋疑問文の形〉
　[What] do you study? （あなたは何を勉強しますか）
　　　　　疑問文の形
● 疑問詞が主語の場合…〈疑問詞＋動詞〉
　[What] is in the box? （箱の中に何がありますか）
　　主語　動詞

解答　① how　② how's　③ how　④ how　⑤ old

25

いまの実力を確認しよう

1 日本文に合う英文になるように，＿＿に正しい語を入れなさい。

(1) あの女の人はだれですか。
　　＿＿＿＿ that woman?

(2) あなたのお父さんは何歳ですか。
　　＿＿＿＿ ＿＿＿＿ is your father?

(3) あなたの誕生日はいつですか。
　　＿＿＿＿ is your birthday?

(4) あなたのお母さんは，ご飯とトーストのどちらを食べますか。
　　＿＿＿＿ does your mother have, rice ＿＿＿＿ toast?

(5) あなたは何時に朝食を食べますか。
　　＿＿＿＿ ＿＿＿＿ do you have breakfast?

(6) これらはだれの CD ですか。 — それらは私のものです。
　　＿＿＿＿ CDs are these?　— They are ＿＿＿＿.

2 意味の通る対話になるように，＿＿に正しい語を入れなさい。

(1) A : ＿＿＿＿ do you play baseball?
　　B : We usually play it after school.

(2) A : ＿＿＿＿ ＿＿＿＿ is this class?
　　B : It is forty-five minutes long.

(3) A : ＿＿＿＿ ＿＿＿＿ are these shoes?
　　B : They are 5,000 yen.

3 ＿＿に入る語を，下から選んで書きなさい。ただし，同じ語を２度使わないこと。

(1) My brother goes to the library ＿＿＿＿ Sunday.
(2) I usually get up ＿＿＿＿ six.
(3) My cats are ＿＿＿＿ the table.
(4) It is seven ＿＿＿＿ the morning.
(5) He goes to school ＿＿＿＿ bike.

| on | at | by | under | in |

4 （　）内から正しい語を選んで，記号を○で囲みなさい。

(1) （ ア　How　　イ　What ）animal do you like?
(2) （ ア　Which　　イ　Whose ）is your favorite, spring or fall?
(3) （ ア　When　　イ　Where ）is your house?
(4) （ ア　What　　イ　How ）is the weather today?
(5) （ ア　When　　イ　Who ）is that girl?
(6) （ ア　Whose　　イ　Who ）umbrella is this?

5 日本文に合う英文になるように，（　）内の語句を正しく並べ替えなさい。

(1) そのコンビニエンスストアはどこにありますか。

(the / store / is / ? / where / convenience)

_____

(2) ケイトは何語を話しますか。

(Kate / speak / does / what / ? / language)

_____

(3) シドニーでは何時ですか。

(it / time / in Sydney / what / is / ?)

_____

(4) あなたはどのようにして学校に行きますか。

(go / how / you / ? / to / do / school)

_____

○解答

1 (1) Who's　(2) How, old　(3) When　(4) Which, or　(5) What, time
(6) Whose, mine

2 (1) When　(2) How, long　(3) How, much

3 (1) on　(2) at　(3) under　(4) in　(5) by

4 (1) イ　(2) ア　(3) イ　(4) イ　(5) イ　(6) ア

5 (1) Where is the convenience store?
(2) What language does Kate speak?
(3) What time is it in Sydney?
(4) How do you go to school?

10 代名詞

> **基本文 1**　「…は」(主格)
>
> **I** like animals.　（私は動物が好きです）

ポイントチェック

▶ he, she, it のように，前に出た名詞の代わりに使う語を代名詞という。

代名詞は文中での働きによって形がかわる。

▶「…は」と主語になるときは，主格を使う。

主格の代名詞には，I（私は），〔①　　　　　〕（あなたは），〔②　　　　　〕（彼は），〔③　　　　　〕（彼女は）などがある。

I like animals.
「私は」

> **基本文 2**　「…の」(所有格)
>
> This is **my** bag.　（これは私のかばんです）

ポイントチェック

▶「…の」と所有を表すときは，所有格を使う。

所有格の代名詞には，my（私の），〔④　　　　　〕（あなたの），〔⑤　　　　　〕（彼の），〔⑥　　　　　〕（彼女の）などがある。

This is **my** bag.
　　　　「私の」

> **基本文 3**　「…を」，「…に」(目的格)
>
> Does Kevin know **me**?　（ケビンは私を知っていますか）

ポイントチェック

▶「…を」や「…に」のように，動詞のあとに置いて目的語になるときは，目的格を使う。

目的格の代名詞には，me（私を），〔⑦　　　　　〕（あなたを），〔⑧　　　　　〕（彼を），〔⑨　　　　　〕（彼女を）などがある。

Does Kevin know **me**?
　　　　　　　　「私を」

28

基本文 4 「…のもの」(所有代名詞)

That big bag is mine. （あの大きなかばんは私のものです）

ポイントチェック

▶「…のもの」という意味を表すときは，**所有代名詞**を使う。

所有代名詞には，mine（私のもの），〔⑩　　　　〕（あなたのもの），
〔⑪　　　　〕（彼のもの），〔⑫　　　　〕（彼女のもの）などがある。

That big bag is **mine**.
　　　　　　　　「私のもの」

▶所有格の代名詞は**うしろに名詞**を続けるが，所有代名詞は**単独**で使う。

This is **my racket**. （これは私のラケットです）

This racket is **mine**. （このラケットは私のものです）

▶代名詞の変化をまとめると，次のようになる。

	…は	…の	…を…に	…のもの		…は	…の	…を…に	…のもの
私	I	my	me	mine	私たち	we	our	us	ours
あなた	you	your	you	yours	あなたたち	you	your	you	yours
彼	he	his	him	his	彼ら	they	their	them	theirs
彼女	she	her	her	hers	彼女ら	they	their	them	theirs
それ	it	its	it	－	それら	they	their	them	theirs

注意
- you は「あなたは」だけでなく「あなたたちは」の意味も表す。
  You are a student. （あなたは生徒です）
  You are students. （あなたたちは生徒です）
- they はものをさして「それらは」の意味も表す。
  They are my books. （それらは私の本です）

解答 ① you ② he ③ she ④ your ⑤ his ⑥ her ⑦ you ⑧ him ⑨ her ⑩ yours ⑪ his ⑫ hers

11 現在進行形

> **基本文1** 「…しています」(現在進行形の文)
>
> I **am listening** to music now.
> (私は今音楽を聞いています)

ポイント チェック

▷「…しています」と，今している動作を言うときは，〈[①　　　　]（am，are，is）＋…ing〉の形を使う。この形を**現在進行形**という。

「毎日…します」　　I　listen　　to music every day.

「今…しています」　I **am listening** to music now.
　　　　　　　　　　　└─〈am＋…ing〉

▷…ing 形は，次のようにして作る。

● ふつうはそのまま **-ing** をつける
　　eat → [②　　　　　　]，talk → [③　　　　　　]

● **e** で終わる語 → **e** をとって **-ing**
　　come → [④　　　　　　]，use → [⑤　　　　　　]

● 〈短母音＋子音字〉で終わる語 → 最後の**1**字を重ねて **-ing**
　　run → [⑥　　　　　　]，swim → [⑦　　　　　　]

> **基本文2** 「…していますか」(現在進行形の疑問文)
>
> **Are** they **running** now?　（彼らは今走っていますか）
> ― Yes, they **are**.　（はい，走っています）
> 　　No, they **are not**.　（いいえ，走っていません）

ポイント チェック

▷「…していますか」という**疑問文**は，**be動詞を主語の前**に出す。

「…しています」　　　　They are running now.

「…していますか」　**Are** they　running now?

答えるときは，be動詞を使って Yes, they **are**. か No, they **are not**. と答える。

基本文 3

「何をしていますか」(What are you doing?)

What are you doing now? （あなたは今何をしていますか）
— I am making cookies. （私はクッキーを作っています）

ポイントチェック

▶「あなたは何をしていますか」とたずねるときは，
⟨[⑧　　　] are you doing?⟩と言う。

「何をしていますか」 |What| are you doing now?
　　　　　　　　　　「何」　　　　└─do(…をする)の…ing 形

答えるときは，現在進行形を使って答える。
I am making cookies.

▶「だれが…していますか」とたずねるときは，⟨[⑨　　　] is …ing?⟩と言う。
who が文の主語になっているので，うしろには動詞である⟨is …ing⟩が続く。

Who is swimming in the pool? （だれがプールで泳いでいますか）
— My brother **is**. （私の弟です）

基本文 4

「…していません」（現在進行形の否定文）

Akira **is not playing** tennis now.
（明は今テニスをしていません）

ポイントチェック

▶「…していません」という**否定文**は，**be動詞**のあとに[⑩　　　]を置く。

「…しています」　Akira is　　playing tennis now.

「…していません」Akira is |not| playing tennis now.

疑問文や否定文の作り方は，be動詞の文のときと同じね。

解答

① be動詞　② eating　③ talking　④ coming　⑤ using　⑥ running　⑦ swimming
⑧ What　⑨ Who　⑩ not

12 助動詞(1)—can

> **基本文1**
>
> 「…することができます」(can の文)
>
> We **can** speak Japanese.
> (私たちは日本語を話すことができます)

ポイントチェック

▶ 「…することができます」と言うときは，〈[①   ]＋動詞の原形〉を使う。

「話します」　　　　We　　　speak Japanese.

「話すことができます」　We **can** speak Japanese.
　　　　　　　　　　　　　〈can＋動詞の原形〉

主語が何であっても，can のあとの動詞は<u>原形</u>になる。

She **can** speak English. （彼女は英語が話せます）
　　　　　動詞は原形（**speaks** にはならない）

canのように，動詞の前に置いて意味をつけ加える語を助動詞というよ。

> **基本文2**
>
> 「…することができますか」(can の疑問文)
>
> **Can** you see that mountain?
> (あなたはあの山を見ることができますか)
> — Yes, I **can**. （はい，見ることができます）
> 　No, I **cannot**. （いいえ，見ることができません）

ポイントチェック

▶ 「…することができますか」という**疑問文**は，[②   ]**を主語の前に出す。**

「見えます」　　　You can see that mountain.

「見えますか」　**Can** you　see that mountain?

▶ 〈Can ...?〉とたずねられたら，[③   ]を使って答える。

「はい，見えます」　　Yes, I **can**.
「いいえ，見えません」 No, I **cannot**.

◎ cannot の短縮形→[④   ]

32

基本文 3

「…することができません」（can の否定文）

He **cannot** play the piano.
（彼はピアノをひくことができません）

ポイント チェック

▶「…することができません」という**否定文**は，**動詞の前に**〔⑤　　　〕か，短縮形の〔⑥　　　〕を置く。

「ひけます」　　He　can　play the piano.

「ひけません」　He　cannot　play the piano.

（He が主語でも play に -s はつかないよ。）

基本文 4

「…してもいいですか」（Can I ...?）

Can I open the window?　（窓を開けてもいいですか）
— Sure.　（いいですよ）

ポイント チェック

▶「…してもいいですか」と相手に許可を求めるときは，〈Can〔⑦　　　〕...?〉と言う。

「…してもいいですか」　**Can I** open the window?

答えるときは，**Sure.**（いいですよ）／**OK.**（いいですよ）／**All right.**（いいですよ）などを使って答える。

基本文 5

「…してくれませんか」（Can you ...?）

Can you help me?　（私を手伝ってくれませんか）
— Sure.　（いいですよ）

ポイント チェック

▶「…してくれませんか」と相手に依頼するときは，〈Can〔⑧　　　〕...?〉と言う。

「…してくれませんか」　**Can you** help me?

答えるときは，〈Can I ...?〉のときと同じように，**Sure.** などを使って答える。

解答　①can　②can　③can　④can't　⑤cannot　⑥can't　⑦I　⑧you

いまの実力を確認しよう

1 日本文に合う英文になるように，____に正しい語を入れなさい。

(1) 私の兄は今プールで泳いでいません。
　　My brother _____ _____ _____ in the pool now.

(2) ケビンは日本語を話すことができます。
　　Kevin _____ _____ Japanese.

(3) 私はネコを2匹飼っています。私はそれらが大好きです。
　　I have two cats.　I love _____.

(4) あなたのカメラを使ってもいいですか。　— いいですよ。
　　_____ _____ use your camera?　— _____.

(5) 私はこの漢字を読むことができません。
　　I _____ _____ this kanji.

2 意味の通る対話になるように，____に正しい語を入れなさい。

(1) A : _____ _____ open the door for me?
　　B : All right.

(2) A : _____ _____ you doing now?
　　B : I'm writing a letter to my aunt.

(3) A : _____ _____ you see over there?
　　B : We can see many trees.

3 (1)〜(3)を「今…している」という意味の文に，(4)・(5)を「…することができる」という意味の文に，それぞれ書きかえなさい。

(1) Sally listens to music.
　　Sally _____ _____ to music now.

(2) Does your sister read a book?
　　_____ your sister _____ a book now?

(3) He doesn't study in his room.
　　He _____ _____ in his room now.

(4) My brother rides a bike well.
　　My brother _____ _____ a bike well.

(5) Does Mike write Japanese?
　　_____ Mike _____ Japanese?

4 ____に，下線部を指す正しい形の語(代名詞)を入れなさい。

(1) I know Mr. and Mrs. Yanagi.　I know _____ son, too.

(2) That is Mr. Tanaka.　_____ is our math teacher.

(3) Yumi has a long hair.　I like _____.

(4) Tom has a dog.　The dog over there is _____.

(5) This is my book.　That is _____, too.

5 日本文に合う英文になるように，(　)内の語句を正しく並べ替えなさい。

(1) 私たちは今日公園に行くことができません。
(today / to / go / the park / cannot / we / .)

(2) 私たちは今パーティーを楽しんでいます。
(are / the party / now / we / . / enjoying)

(3) あなたのお母さんは今昼食を作っているのですか。
(lunch / is / now / ? / making / your mother)

(4) だれが向こうで走っているのですか。
(there / over / running / who / ? / is)

○解答

1 (1) is, not, swimming　(2) can, speak　(3) them
(4) Can, I, OK[Sure]　(5) cannot[can't], read

2 (1) Can, you　(2) What, are　(3) What, can

3 (1) is, listening　(2) Is, reading　(3) isn't, studying　(4) can, ride
(5) Can, write

4 (1) their　(2) He　(3) her　(4) his　(5) mine

5 (1) We cannot go to the park today.
(2) We are enjoying the party now.
(3) Is your mother making lunch now?
(4) Who is running over there?

13 一般動詞の過去形

基本文1

「…しました」（規則動詞の過去形）

We **played** baseball yesterday. （私たちは昨日野球をしました）

ポイントチェック

▶「…しました」と過去のことを言うときは，動詞を<u>過去形</u>にする。多くの動詞は，**-ed** をつけて過去形を作り，主語が何であっても形はかわらない。

「毎日…します」　We　play　baseball every day.

「昨日…しました」　We　played　baseball yesterday.
　　　　　　　　　　　　└─過去形

▶ -ed のつく過去形は，次のようにして作る。

● ふつうは **-ed** をつける
　play → play**ed**,　want → [①　　　　　　]

● **e** で終わる語 → **-d** をつける
　use → [②　　　　　],　like → [③　　　　　]

● 〈子音字＋**y**〉で終わる語 → **y** を **i** にかえて **-ed** をつける
　study → [④　　　　　　],　try → [⑤　　　　　]

このように，-ed をつけて過去形を作る動詞を<u>規則動詞</u>という。

基本文2

「…しました」（不規則動詞の過去形）

I **went** to the library last week. （私は先週図書館に行きました）

ポイントチェック

▶ 動詞の過去形は，どれもが -ed をつけて過去形を作るわけではない。
　go の過去形は [⑥　　　　],　get は [⑦　　　　　],　see は [⑧　　　　　]
というように，不規則に変化するものもある。このような動詞を<u>不規則動詞</u>という。
不規則動詞の過去形も，主語が何であっても形はかわらない。

「毎週行きます」　　I　go　to the library every week.

「先週行きました」　I　went　to the library last week.
　　　　　　　　　　　└─ go の過去形

基本文 3 「…しましたか」（一般動詞の過去形の疑問文）

Did you study math yesterday?
（あなたは昨日数学を勉強しましたか）
— Yes, I **did**. （はい，しました）
No, I **did not**. （いいえ，しませんでした）

ポイントチェック

▶「…しましたか」という**疑問文**は，**主語の前に**[⑨　　　　]を置き，動詞は**原形**にする。

「…しました」　　　　You studied math yesterday.

「…しましたか」　**Did** you study math yesterday?
　　　　　　　　　　　　　　　└── 動詞は原形

> 規則動詞も不規則動詞も文の作り方は同じだよ。

▶〈Did ...?〉とたずねられたら，[⑩　　　　]を使って答える。

「はい，しました」　　　　Yes, I **did**.
「いいえ，しませんでした」　No, I **did not**.

◎ did not の短縮形→[⑪　　　　]

基本文 4 「…しませんでした」（一般動詞の過去形の否定文）

I **did not** have breakfast this morning.
（私は今朝朝食を食べませんでした）

ポイントチェック

▶「…しませんでした」という**否定文**は，**動詞の前に**[⑫　　　][⑬　　　　]，または短縮形の[⑭　　　　]を置き，動詞は**原形**にする。

「…しました」　　　　　I 　　　 had breakfast this morning.

「…しませんでした」　I **did not** have breakfast this morning.
　　　　　　　　　　　　　　└── 動詞は原形

解答 ① wanted ② used ③ liked ④ studied ⑤ tried ⑥ went ⑦ got ⑧ saw
⑨ did ⑩ did ⑪ didn't ⑫ did ⑬ not ⑭ didn't

14 be動詞の過去形

> **基本文1**
>
> 「…でした」(be動詞の過去形)
>
> My mother **was** busy yesterday. （私の母は昨日忙しかったです）

ポイントチェック

▶「…でした」や「…にいました」と言うときは，**am**，**are**，**is** を過去形にする。
am，**is** の過去形は〔①　　　　〕，**are** の過去形は〔②　　　　〕になる。

「…です」　　My mother　is　busy now.

「…でした」　My mother　**was**　busy yesterday.

> **基本文2**
>
> 「…でしたか」や「…ではありませんでした」
> 　　　　　　　　　　　(be動詞の過去形の疑問文・否定文)
>
> **Was** he in the library then? （彼はそのとき図書館にいましたか）
> ― Yes, he **was**. （はい，いました）
> 　　No, he **was** not. （いいえ，いませんでした）
> It **was** not difficult. （それは難しくありませんでした）

ポイントチェック

▶「…でしたか」や「…にいましたか」という**疑問文**は，**was** や **were** を主語の前に出す。

「…にいました」　　　He was in the library then.

「…にいましたか」　**Was** he　in the library then?

答えるときは，**was** か **were** を使って答える。

「はい，いました」　　　Yes, he **was**.
「いいえ，いませんでした」　No, he **was not**.

◎ was not の短縮形→〔③　　　　〕，were not の短縮形→〔④　　　　〕

▶「…ではありませんでした」や「…にいませんでした」という**否定文**は，**was** や **were** のあとに〔⑤　　　　〕を置く。

「…でした」　　　　　It was　　difficult.

「…ではありませんでした」　It was **not** difficult.

基本文 3

「…していました」（過去進行形）

She **was reading** a book then.
（彼女はそのとき本を読んでいました）

ポイント チェック

▶ 過去のある時に「…していました」と言うときは，〈**was** か **were**＋**…ing**〉の形を使う。この形を**過去進行形**という。

「…しています」　She　is reading　a book now.

「…していました」　She　**was reading**　a book then.

基本文 4

「…していましたか」や「…していませんでした」
（過去進行形の疑問文・否定文）

Were they **running** in the park?（彼らは公園で走っていましたか）
— Yes, they **were**.（はい，走っていました）
　　No, they **were not**.（いいえ，走っていませんでした）
It **was not raining** this morning.（今朝は雨が降っていませんでした）

ポイント チェック

▶「…していましたか」という**疑問文**は，**was** や **were** を主語の前に出す。

「…していました」　They were running in the park.

「…していましたか」　**Were** they　running in the park?

答えるときは，**was** か **were** を使って答える。

▶「…していませんでした」という**否定文**は，**was** や **were** のあとに〔⑥　　　〕を置く。

「…していました」　　　　It was　raining this morning.

「…していませんでした」　It was **not** raining this morning.

解答　① was　② were　③ wasn't　④ weren't　⑤ not　⑥ not

いまの実力を確認しよう

1 日本文に合う英文になるように，____に正しい語を入れなさい。

(1) あなたは昨日部屋をそうじしましたか。　　　— はい，しました。
　　_____ you _____ your room yesterday?　— Yes, I _____.

(2) 私は今朝このコンピューターを使っていました。
　　I _____ _____ this computer this morning.

(3) 彼はそのとき教室にいませんでした。
　　He _____ in the classroom then.

(4) あなたは昨日何時に起きましたか。
　　_____ _____ _____ you _____ up yesterday?

(5) 私の姉は去年カナダに住んでいました。
　　My sister _____ in Canada last year.

(6) あなたはそのとき彼と話していましたか。　— はい，話していました。
　　_____ you _____ with him then?　— Yes, I _____.

(7) 彼女は昨日ケーキを作りました。
　　She _____ a cake yesterday.

2 (1)・(2)を否定文に，(3)〜(5)を疑問文に，それぞれ書きかえなさい。

(1) I watched TV last night.
　　I _____ _____ _____ TV last night.

(2) He was reading a book then.
　　He _____ _____ a book then.

(3) They enjoyed the party yesterday.
　　_____ they _____ the party yesterday?

(4) It was rainy yesterday.
　　_____ _____ rainy yesterday?

(5) Miho had breakfast this morning.
　　_____ Miho _____ breakfast this morning?

3 (　)内から正しい語を選んで，記号を○で囲みなさい。

(1) I didn't (ア　listened　　イ　listen) to the radio.
(2) Was he (ア　helped　　イ　helping) his mother?
(3) This book (ア　wasn't　　イ　weren't) interesting.

4 ( )内の語を正しい形にかえて、＿＿に書きなさい。かえる必要がなければ、そのまま書きなさい。

(1) I (get) up at seven this morning.

(2) We didn't (see) her yesterday.

(3) They were not (swim) in the pool then.

(4) I (study) math yesterday.

(5) My father (be) busy yesterday.

5 日本文に合う英文になるように、( )内の語句を正しく並べ替えなさい。

(1) 私はそのとき昼食を作っていました。

(making / I / lunch / then / . / was)

(2) あなたは昨日公園に行きましたか。

(the park / did / to / you / ? / go / yesterday)

(3) あなたはそのとき何をしていましたか。

(doing / what / ? / you / then / were)

(4) 私は昨日祖母に手紙を書きました。

(yesterday / to / . / wrote / my grandmother / I / a letter)

○解答

1 (1) Did, clean, did (2) was, using (3) wasn't
(4) What, time, did, get (5) lived (6) Were, talking, was (7) made

2 (1) did, not, watch (2) wasn't, reading (3) Did, enjoy (4) Was, it
(5) Did, have

3 (1)イ (2)イ (3)ア

4 (1) got (2) see (3) swimming (4) studied (5) was

5 (1) I was making lunch then.
(2) Did you go to the park yesterday?
(3) What were you doing then?
(4) I wrote a letter to my grandmother yesterday.

15 未来形(1) — be going to ...

基本文1

「…するつもりです」(be going to ... の文)

I am going to visit Kyoto tomorrow.
（私は明日京都を訪れるつもりです）

ポイントチェック

▶「…するつもりです」や「…する予定です」などと，これからしようとしていることや予定を言うときは，〈be動詞＋[①　　　][②　　　]＋動詞の原形〉を使う。

「…します」　　　I　　　　visit Kyoto every year.

「…するつもりです」 I am going to visit Kyoto tomorrow.
　　　　　　　　　　　〈be going to＋動詞の原形〉

〈be going to ...〉の be は，主語によって **am**，**are**，**is** を使い分けるが，to のうしろは必ず動詞の原形が続く。

We are going to clean the park tomorrow.
　（私たちは明日公園のそうじをするつもりです）

She is going to play tennis next Sunday.
　　　　　　　　　動詞は原形（**plays** にはならない）

（彼女は次の日曜日にテニスをするつもりです）

▶〈be going to ...〉の文には，次のような未来を表す語句を使うことが多い。

・tomorrow（明日）　　　　・next [③　　　]（来週）
・next [④　　　]（来月）　・next [⑤　　　]（来年）
・this [⑥　　　]（今日の午後）
・this [⑦　　　]（今晩）など

基本文2

「…するつもりですか」(be going to ... の疑問文)

Are you going to go shopping tomorrow?
（あなたは明日買い物に行くつもりですか）
— Yes, I **am**. （はい，そのつもりです）
　　No, I **am not**. （いいえ，そのつもりはありません）

ポイントチェック

▷「…するつもりですか」や「…する予定ですか」という**疑問文**は，**be動詞を主語の前に出す**。

「…するつもりです」　　You are going to go shopping tomorrow.

「…するつもりですか」　**Are** you　　going to go shopping tomorrow?

答えるときは，**be動詞**を使って，Yes, I **am**. や No, I **am not**. のように答える。

▷「何をするつもりですか」とたずねるときは，文のはじめに〔⑧　　　　〕を置き，うしろに**疑問文の形**を続ける。

<u>What are</u> you <u>going to</u> do tomorrow?
　　　　　　　　　　└ do（…をする）の原形

（このdoは，一般動詞ね。）

（あなたは明日何をするつもりですか）

答えるときは，〈be going to ...〉を使って答える。

I <u>am going to</u> play tennis with him.　（私は彼とテニスをするつもりです）

基本文3

「…するつもりはありません」（be going to ... の否定文）

He is not going to clean his room this afternoon.
（彼は今日の午後部屋をそうじするつもりはありません）

ポイントチェック

▷「…するつもりはありません」や「…する予定ではありません」という**否定文**は，**be動詞のあとに**〔⑨　　　　〕を置く。

「…するつもりです」　　He is　　　going to clean his room this afternoon.

「…するつもりはありません」　He is **not** going to clean his room this afternoon.

疑問文・否定文の作り方は簡単！be動詞の文のときと同じだよ。

解答

① going　② to　③ week　④ month　⑤ year　⑥ afternoon　⑦ evening　⑧ what　⑨ not

16 未来形(2) — will

> **基本文 1**　「…するつもりです」や「…でしょう」(will の文)
>
> I **will** call you this evening.
> 　(私は今晩あなたに電話するつもりです)
> It **will** be hot tomorrow.　(明日は暑くなるでしょう)

ポイント チェック

▶「…するつもりです」と未来の意志を表すときは，〈[①　　　　]＋動詞の原形〉を使う。主語が何であっても，will のあとの動詞は原形になる。

「毎週電話します」　　　　I　　　call you every week.

「今晩電話するつもりです」　I **will** call you this evening.
　　　　　　　　　　　　　└〈will＋動詞の原形〉「…するつもり」

〈will ...〉は話の最中に思いついたことを表し，〈be going to ...〉はすでに確定している予定を表す。

▶〈主語＋will〉の短縮形は次のとおり。

- I will → [②　　　　]　　・you will → [③　　　　]
- he will → [④　　　　]　　・she will → [⑤　　　　]
- we will → [⑥　　　　]　　・they will → [⑦　　　　]
- it will → [⑧　　　　]

▶〈will＋動詞の原形〉は，「…でしょう」と推測するときにも使う。

It **will** be hot tomorrow.
　　└〈will＋動詞の原形〉「…でしょう」

> **基本文 2**　「…するつもりですか」や「…でしょうか」(will の疑問文)
>
> **Will** it be sunny tomorrow?　(明日は晴れるでしょうか)
> 　— Yes, it **will**.　(はい，晴れるでしょう)
> 　　No, it **will** not.　(いいえ，晴れないでしょう)

ポイント チェック

▶「…するつもりですか」や「…でしょうか」という疑問文は，[⑨　　　　]を主語の前に出す。

「晴れるでしょう」　　　It will be sunny tomorrow.

「晴れるでしょうか」　**Will** it be sunny tomorrow?
答えるときは，**will** を使って答える。
「はい，晴れるでしょう」　　Yes, it **will**.
「いいえ，晴れないでしょう」　No, it **will not**.
◎ will not の短縮形→〔⑩　　　　　〕

基本文 3
「…するつもりはありません」や「…ではないでしょう」（will の否定文）

He **will not** be busy tomorrow.　（彼は明日忙しくないでしょう）

ポイントチェック
▶「…するつもりはありません」や「…ではないでしょう」という**否定文**は，**will** のあとに〔⑪　　　　　〕を置く。

「忙しいでしょう」　　He will be busy tomorrow.

「忙しくないでしょう」　He will **not** be busy tomorrow.

基本文 4
「…してくれませんか」（Will you …?）

Will you open the window?　（窓を開けてくれませんか）
— Sure.　（いいですよ）

ポイントチェック
▶「…してくれませんか」と相手に依頼するときは，〈〔⑫　　　　〕〔⑬　　　　　〕…?〉と言う。〈**Can you …?**〉とほぼ同じ意味を表す。

「…してくれませんか」　**Will you** open the window?
答えるときは，〈Can you …?〉のときと同じように，**Sure.**（いいですよ）／**OK.**（いいですよ）／**All right.**（いいですよ）などを使って答える。

解答　① will　② I'll　③ you'll　④ he'll　⑤ she'll　⑥ we'll　⑦ they'll　⑧ it'll　⑨ will　⑩ won't　⑪ not　⑫ Will　⑬ you

17 助動詞(2) ─ have to ..., must

基本文 1

「…しなければなりません」(have to ... の文)

We **have to** speak English here.

(私たちはここでは英語を話さなければなりません)

ポイントチェック

▶「…しなければなりません」は、〈[①　　　][②　　　]＋動詞の原形〉を使って表す。

「話します」　　　　　We　　　speak English here.

「話さなければなりません」　We **have to** speak English here.
　　　　　　　　　　　　　　　　〈**have to**＋動詞の原形〉

he, she のように、主語が3人称単数のときは、

〈[③　　　][④　　　]＋動詞の原形〉の形にする。

He **has to** get up early. （彼は早く起きなければなりません）
　　　　動詞は原形(**gets** にはならない)

基本文 2

「…しなくてもよい」(don't have to ... の文)

I **don't have to** go there today.

(私は今日そこに行かなくてもよいです)

ポイントチェック

▶〈have to ...〉の否定形は、〈[⑤　　　] have to ...〉、またはく[⑥　　　] have to ...〉(3人称単数が主語のとき)となり、「…しなくてもよい、…する必要はない」という意味になる。

「行かなければなりません」　I　　　have to go there today.

「行かなくてもよいです」　I **don't have to** go there today.
　　　　　　　　　　　　　〈**don't have to**〉「…しなくてもよい」

一般動詞の否定文と同じように、don't や doesn't を使うんだよ。

基本文3 「…しなければなりません」（must の文）

I must help my mother.
（私は母を手伝わなければなりません）

ポイントチェック

▶「…しなければなりません」と言うときは、〈[⑦　　　]＋動詞の原形〉を使うこともできる。must は〈**have to**〉や〈**has to**〉とほぼ同じ意味を表す。

「手伝います」　　　　　　　　I　　　help my mother.

「手伝わなければなりません」　I **must** help my mother.
　　　　　　　　　　　　　　　　　└〈must＋動詞の原形〉

must は主語が何であっても形はかわらず、あとに続く動詞は**原形**になる。
He **must** finish his homework.（彼は宿題を終えなければなりません）
　　　└動詞は原形（finishes にはならない）

基本文4 「…してはいけません」（must not の文）

You must not go there.
（あなたはそこに行ってはいけません）

ポイントチェック

▶must の否定形は、〔⑧　　　〕〔⑨　　　〕となり、「…してはいけません」という禁止の意味を表す。

「行かなければなりません」　You must　　　go there.

「行ってはいけません」　　　You **must not** go there.
　　　　　　　　　　　　　〈must not〉「…してはいけない」

◎ must not の短縮形→〔⑩　　　〕

> 〈don't have to〉と〈must not〉の意味のちがいに注意！

解答 ① have　② to　③ has　④ to　⑤ don't　⑥ doesn't　⑦ must　⑧ must　⑨ not　⑩ mustn't

47

いまの実力を確認しよう

1 日本文に合う英文になるように，＿＿＿に正しい語を入れなさい。

(1) 私は今夜この本を読むつもりです。
　　_____ read this book tonight.

(2) 私の家に来てくれませんか。　　— いいですよ。
　　_____ _____ come to my house?　— All _____.

(3) あなたは来年京都を訪れる予定ですか。　　— はい，その予定です。
　　Are you _____ _____ visit Kyoto next year?
　　　　　　　　　　　　　　　　　　— Yes, I _____.

(4) 私はテストのために一生懸命勉強しなければなりません。
　　I _____ _____ hard for the test.

(5) 彼女はパーティーに来るでしょうか。　　— いいえ，来ないでしょう。
　　_____ she _____ to the party?　— No, she _____.

(6) あなたは今日の午後何をするつもりですか。
　　_____ _____ you do this afternoon?

(7) 私たちはここで写真を撮ってはいけません。
　　We _____ take pictures here.

2 英文の意味を日本語で書きなさい。

(1) It will be hot tomorrow.
　　明日は(　　　　　　　　　　　　　　　　　　　　　　　)。

(2) What are you going to do next Sunday?
　　あなたは(　　　　　　　　　　　　　　　　　　　　　　)。

(3) You must not use this room today.
　　あなたたちは今日(　　　　　　　　　　　　　　　　　　)。

(4) You don't have to get up early tomorrow.
　　あなたは明日(　　　　　　　　　　　　　　　　　　　　)。

3 (　　)内から正しい語を選んで，記号を○で囲みなさい。

(1) My brother must (ア does　イ do) his homework now.
(2) He's not going to (ア leave　イ leaves) here tomorrow.
(3) I will not (ア go　イ going) there today.
(4) He (ア have　イ has) to speak English here.
(5) My father is going to (ア make　イ made) dinner today.

48

4 （　）内の語句を加え，各文を未来を表す文に書きかえなさい。

(1) He doesn't practice soccer.（tomorrow）
He ＿＿＿＿ ＿＿＿＿ ＿＿＿＿ practice soccer tomorrow.

(2) Do you watch TV?（this evening）
＿＿＿＿ you ＿＿＿＿ ＿＿＿＿ watch TV this evening?

(3) My mother is busy.（tomorrow）
My mother ＿＿＿＿ ＿＿＿＿ busy tomorrow.

5 日本文に合う英文になるように，（　）内の語句を正しく並べ替えなさい。

(1) 私の弟は自分の部屋をそうじしなければなりません。
(has / clean / . / his room / to / my brother)

(2) 私たちは今日学校に行かなくてもよいです。
(we / go / to / have / today / . / don't / school / to)

(3) 私は明日買い物に行くつもりです。
(going / shopping / to / . / I'm / go / tomorrow)

(4) 明日は雨が降るでしょうか。
(tomorrow / will / be / it / rainy / ?)

○解答

1 (1) I'll　(2) Will[Can], you, right　(3) going, to, am　(4) must, study
(5) Will, come, won't　(6) What, will　(7) mustn't

2 (1) 暑くなるでしょう　(2) 次の日曜日に何をするつもりですか
(3) この部屋を使ってはいけません　(4) 早く起きなくてもよいです

3 (1) イ　(2) ア　(3) ア　(4) イ　(5) ア

4 (1) isn't, going, to　(2) Are, going, to　(3) will, be

5 (1) My brother has to clean his room.
(2) We don't have to go to school today.
(3) I'm going to go shopping tomorrow.
(4) Will it be rainy tomorrow?

18 注意すべき動詞の使い方

基本文1 「…に見える」や「…になる」（look, become の使い方）

You **look** happy today. （あなたは今日幸せそうに見えます）
The girl **became** beautiful. （その女の子は美しくなりました）

ポイントチェック

▶「…に見える」と言うときは，〈[①　　　]＋形容詞〉を使う。

「…です」　　　You are happy today.
　　　　　　　　　　↓
「…に見えます」　You **look** happy today.
　　　　　　　　　　〈look＋形容詞〉

> look は「見る」だけじゃなく，「見える」という意味もあるんだね。

look のあとの形容詞は，**主語の様子を説明する**働きをする。

▶「先生のように見える」や「ボールのように見える」のように，うしろに名詞が続く場合は，〈[②　　　][③　　　]＋名詞〉を使う。この like は「…のような」の意味を表す。

He **looks like** a student. （彼は学生のように見えます）
　　〈look like＋名詞〉

▶「…になる」と言うときは，〈[④　　　]＋形容詞〉を使う。

「…です」　　　　　The girl is beautiful.
　　　　　　　　　　　　↓
「…になりました」　The girl **became** beautiful.
　　　　　　　　　　　〈become＋形容詞〉

become のあとには，**名詞**を続けることもできる。

My brother **became** a teacher. （私の兄は先生になりました）
　　　　　　〈become＋名詞〉

基本文2 「(人)に(物)を見せる」（show＋(人)＋(物)）

I **showed** her my camera.
（私は彼女に私のカメラを見せました）

ポイントチェック

▶「(人)に(物)を見せる」と言うときは，動詞 show のあとに〈人〉〈物〉の順番で語を続ける。

「(物)を見せました」	I showed my camera.
「(人)に(物)を見せました」	I **showed** her my camera.

（人）—her　（物）—my camera

語順が大切！

この形の文の「(人)に」「(物)を」にあたる語は，2つとも**目的語**である。

▶次の動詞も，show と同じように目的語を2つとることができる。

- [⑤　　　　] (…を与える)
- [⑥　　　　] (…を話す)
- [⑦　　　　] (…を教える)
- [⑧　　　　] (…を送る)
- [⑨　　　　] (…を買う)
- [⑩　　　　] (…を作る)

Our teacher often **tells us** an interesting story.
（人）—us　（物）—an interesting story

（先生はよく私たちにおもしろい話をしてくれます）

目的語を2つとる動詞は限られているから，しっかり覚えておこう。

基本文 3

「AをBと呼ぶ」(call＋A＋B)

They **call** me Michi. （彼らは私をミチと呼びます）

ポイントチェック

▶「AをBと呼ぶ」と言うときは，〈[⑪　　　　]＋A＋B〉の形を使う。

「AをBと呼びます」　They **call** me Michi.
「私を」(A)—me　「ミチと」(B)—Michi

「…を(A)」にあたる語は**目的語**で，「〜と(B)」にあたる語は**目的語について説明**している。

We call this dog Momo. （私たちはこのイヌをモモと呼びます）
目的語(this dog)について説明

解答　① look　② look　③ like　④ become　⑤ give　⑥ tell　⑦ teach　⑧ send　⑨ buy　⑩ make　⑪ call

19 There is ....

> **基本文 1**
>
> 「…があります」(There is .... の文)
>
> **There is** a cup on the table.
> (テーブルの上にカップがあります)
>
> **There are** two cups on the table.
> (テーブルの上にカップが2つあります)

ポイントチェック

▶「…があります」や「…がいます」と言うときは，〈**There is ....**〉か〈**There are ....**〉を使う。**主語は is や are のあとにきて，そのあとには場所を表す語句**が続く。

主語が**単数**のときは〈There 〔①　　　〕....〉を，**複数**のときは〈There 〔②　　　〕....〉を使う。

「カップが1つあります」　**There is**　a cup　on the table.
　　　　　　　　　　　　　　主語(単数)　　　　「場所」を表す語句

「カップが2つあります」　**There are** two cups on the table.
　　　　　　　　　　　　　　主語(複数)

◎ there is の短縮形→〔③　　　　　　〕

▶「…がありました」や「…がいました」と**過去**のことを言うときは，be動詞の過去形 **was** か **were** を使う。主語が単数なら〈There 〔④　　　　〕....〉を，複数なら〈There 〔⑤　　　　〕....〉を使う。

There was a boy in the park. （公園に男の子がいました）
There were some boys in the park. （公園に男の子が何人かいました）

> **基本文 2**
>
> 「…がありますか」(There is .... の疑問文)
>
> **Is there** a library near here? （この近くに図書館はありますか）
> — Yes, **there is**. （はい，あります）
> 　　No, **there is not**. （いいえ，ありません）

ポイントチェック

▶「…がありますか」や「…がいますか」という**疑問文**は，**is** や **are** を〔⑥　　　　〕の前に出す。

「…があります」　　There is a library near here.

「…がありますか」　**Is** there　a library near here?

▶ 〈Is there ...?〉や〈Are there ...?〉には，there を使って答える。

「はい」　　Yes, there is. か Yes, there are.

「いいえ」　No, there is not. か No, there are not.

▶ 「…がありましたか」や「…がいましたか」という**過去形の疑問文**は，**was** や **were** を there の前に出す。

答えるときも，was か were を使って答える。

Was there a school around here?　（このあたりに学校はありましたか）

— Yes, there was.　（はい，ありました）

　 No, there was not.　（いいえ，ありませんでした）

基本文 3

「…がありません」（There is .... の否定文）

There are not any chairs in the room.
（部屋にいすはひとつもありません）

ポイント チェック

▶ 「…がありません」や「…がいません」という**否定文**は，**is** や **are** のあとに〔⑦　　　〕を置く。

「…があります」　　There are　some chairs in the room.

「…がありません」　There are **not** any chairs in the room.
　　　　　　　　　　　　　└─否定文では any を使う

▶ 「…がありませんでした」や「…がいませんでした」という**過去形の否定文**は，**was** や **were** のあとに **not** を置く。

There were not any students in the classroom.
（教室に生徒はひとりもいませんでした）

肯定文では some を，否定文・疑問文では any を使うことが多いよ。

解答

① is　② are　③ there's　④ was　⑤ were　⑥ there　⑦ not

いまの実力を確認しよう

1 日本文に合う英文になるように，＿＿に正しい語を入れなさい。

(1) 父は私にこの腕時計をくれました。

My father ＿＿＿＿ ＿＿＿＿ this watch.

(2) 彼は先生のように見えます。

He ＿＿＿＿ ＿＿＿＿ a teacher.

(3) 壁に古い時計がかかっています。

＿＿＿＿ ＿＿＿＿ an old clock ＿＿＿＿ the wall.

(4) 教室に生徒はいますか。　　　　　　　　　　— いいえ，いません。

＿＿＿＿ ＿＿＿＿ any students in the classroom?

— No, ＿＿＿＿ aren't.

(5) ソファーの上にネコはいませんでした。

＿＿＿＿ ＿＿＿＿ ＿＿＿＿ a cat on the sofa.

(6) 彼女はとても人気者になりました。

She ＿＿＿＿ very popular.

(7) 私をメグと呼んでください。

Please ＿＿＿＿ ＿＿＿＿ Meg.

2 ＿＿に入る語を，下から選んで書きなさい。ただし，同じ語を2度使わないこと。

(1) Did he ＿＿＿＿ an engineer?

(2) We ＿＿＿＿ him Tomo.

(3) Please ＿＿＿＿ me your passport.

(4) You ＿＿＿＿ hungry.

| look　　show　　call　　become |

3 (　)内の日本語を英語にしなさい。

(1) My mother (とても疲れているように見えました).

My mother ＿＿＿＿＿＿＿＿＿＿＿＿＿＿＿＿＿＿＿＿.

(2) My father (私に本を何冊か買ってくれました).

My father ＿＿＿＿＿＿＿＿＿＿＿＿＿＿＿＿＿＿＿＿.

(3) (レストランが1軒ありました) near my house.

＿＿＿＿＿＿＿＿＿＿＿＿＿＿＿＿＿＿＿ near my house.

4 各文を，（ ）内の指示にしたがって書きかえなさい。

(1) There is a hotel in my city.（文末に last year をつけて過去の文に）
　_____ _____ a hotel in my city last year.

(2) There's a boy in the park.（下線部を some boys にして）
　_____ _____ some boys in the park.

(3) There were some chairs in the room.（疑問文に）
　_____ there _____ chairs in the room?

5 日本文に合う英文になるように，（ ）内の語句を正しく並べ替えなさい。

(1) 田中先生は私たちに数学を教えてくれます。
　(math / us / Mr. Tanaka / teaches / .)
　_____

(2) 彼女は美しい女性になりました。
　(a / became / beautiful / she / . / lady)
　_____

(3) 私たちは彼女をベスと呼びます。
　(her / we / . / Beth / call)
　_____

(4) この近くに小さな公園はありましたか。
　(a small park / here / ? / was / near / there)
　_____

○解答

1 (1) gave, me (2) looks, like (3) There, is, on
　(4) Are, there, there (5) There, was, not (6) became (7) call, me
2 (1) become (2) call (3) show (4) look
3 (1) looked very tired (2) bought me some books
　(3) There was a restaurant
4 (1) There, was (2) There, are (3) Were, any
5 (1) Mr. Tanaka teaches us math. (2) She became a beautiful lady.
　(3) We call her Beth. (4) Was there a small park near here?

20 不定詞・動名詞

> **基本文1**　「…すること」(不定詞の名詞的用法)
>
> I like **to read** books.　（私は本を読むことが好きです）

ポイント チェック

▶「…すること」と言うときは，〈**to**＋**動詞の原形**〉を使う。この形を**不定詞**という。
不定詞は，主語が何であっても，過去の文でも，**形はかわらない**。
「…すること」という意味の不定詞は**名詞**と同じ働きをし，動詞の**目的語**や**主語**などになる。

「本が好きです」　　　　　I like　　　　books.
　　　　　　　　　　　　　　　　└─名詞(**books**)が目的語

「本を読むことが好きです」　I like **to read** books.
　　　　　　　　　　　　　　　　　└─不定詞(**to read books**)が目的語

▶動詞の目的語になる不定詞では，次のようなものをよく使う。
・〔①　　　　〕to ...（…したい）　・want to〔②　　　　〕...（…になりたい）
・〔③　　　　〕to ...（…しようとする）　・start to ...（…し始める）
・〔④　　　　〕to ...（…し始める）　など

> **基本文2**　「…するために」(不定詞の副詞的用法)
>
> I went to the park **to play** tennis.
> （私はテニスをするために公園に行きました）

ポイント チェック

▶**不定詞**は，動作の目的を説明して，「**…するために**」という意味でも使う。

「公園に行きました」　　　　　　　I went to the park.
「…するために公園に行きました」　I went to the park **to play** tennis.
　　　　　　　　　　　　　　　　　　↑　　　　　　　　　└─不定詞「…するために」
　　　　　　　　　　　　　　　　動詞(**went**)を修飾

▶〈〔⑤　　　　〕...?〉（なぜ…）の問いに対して，「**…するためです**」と目的を答えるときにも，**不定詞**を使う。

Why did he go to Canada?　（彼はなぜカナダに行ったのですか）
— **To study** English.　（英語を勉強するためです）

基本文 3

「…するための」，「…すべき」（不定詞の形容詞的用法）

I have a lot of work to do.
（私にはすべき仕事がたくさんあります）

ポイントチェック

▶ **不定詞**は，名詞や代名詞のうしろに置いて，「…するための」や「…すべき」という意味でも使う。

「仕事」　　　I have a lot of work.
「すべき仕事」　I have a lot of work **to do**.
　　　　　　　　　　　　　　　　　└─不定詞「…すべき」
　　　　　　　名詞（**a lot of work**）を修飾

基本文 4

「…すること」（動名詞）

I enjoyed singing the song.　（私は歌を歌うのを楽しみました）

ポイントチェック

▶「…すること」と言うときは，**...ing 形**を使う。「…すること」という意味の …ing 形を**動名詞**といい，**名詞**と同じように，動詞の**目的語**や**主語**などになる。

「歌を楽しみました」　　　I enjoyed　　　　the song.
　　　　　　　　　　　　　　　　　　　└─名詞（**the song**）が目的語

「歌うことを楽しみました」　I enjoyed **singing** the song.
　　　　　　　　　　　　　　　　　　　└─動名詞（**singing the song**）が目的語

▶「…すること」の意味は，**不定詞**で表すこともできるが，動名詞と不定詞のどちらを目的語にとるかは，動詞によって決まっている。

・動名詞だけ…**enjoy**（…を楽しむ），〔⑥　　　　　〕（…を終える），
　　　　　　　〔⑦　　　　　〕（…をやめる）など
・不定詞だけ…**want**（…がほしい），〔⑧　　　　　〕（…を望む）など
・不定詞と動名詞の両方…〔⑨　　　　　〕（…を始める），**begin**（…を始める），
　like（…が好き）など

解答　① want　② be[become]　③ try　④ begin　⑤ Why　⑥ finish　⑦ stop　⑧ hope
⑨ start

いまの実力を確認しよう

1 日本文に合う英文になるように，____に正しい語を入れなさい。

(1) 私はたくさんの情報を得るためにインターネットを使います。
I use the Internet _____ _____ a lot of information.

(2) テレビを見るのをやめなさい。
_____ _____ TV.

(3) 私は何か食べる物がほしいです。
I want something _____ _____.

(4) 英語の手紙を書くことは簡単ではありません。
_____ English letters is not easy.

(5) 私はいつか北海道を訪れたいです。
I _____ _____ visit Hokkaido some day.

(6) 彼女は本を読むことが好きです。
She likes _____ books.

(7) あなたはなぜ駅に行ったのですか。 — 彼に会うためです。
_____ did you go to the station? — _____ see him.

2 (　　)内から正しい語句を選んで，記号を○で囲みなさい。

(1) (ア Listen　イ Listening) to music is a lot of fun.
(2) I hope (ア to see　イ seeing) you soon.
(3) It began (ア rained　イ raining).
(4) He finished (ア reading　イ to read) the book.
(5) I came home early (ア to watch　イ watching) TV.

3 (　　)内の日本語を英語にしなさい。

(1) He (数学の先生になりたがっています).
He _____.

(2) I have some pictures (あなたに見せるための).
I have some pictures _____.

(3) I (私の部屋のそうじをし終えました).
I _____.

(4) I got up early (宿題をするために).
I got up early _____.

4 英文の意味を日本語で書きなさい。

(1) I tried to open the box.
   私はその箱を（　　　　　　　　　　　　　　　）。

(2) Why do you study English hard? — To be an English teacher.
   あなたはなぜ英語を一生懸命勉強するのですか。—（　　　　　　　　　　　　）。

(3) I have a lot of work to do today.
   私には今日（　　　　　　　　　　　　　　　　　）。

5 日本文に合う英文になるように，（　　　）内の語句を正しく並べ替えなさい。

(1) 私の父は写真を撮るために公園に行きました。
   (take / went / to / to / . / the park / pictures / my father)

(2) 私には昼食を食べる時間がありません。
   (no / eat / time / lunch / . / I / have / to)

(3) 彼女は夕食を作り始めました。
   (make / to / dinner / started / . / she)

(4) あなたは海で泳いで楽しみましたか。
   (the sea / enjoy / ? / did / swimming / in / you)

◯解答

1 (1) to, get (2) Stop, watching (3) to, eat (4) Writing
　(5) want, to (6) reading (7) Why, To

2 (1) イ (2) ア (3) イ (4) ア (5) ア

3 (1) wants to be[become] a math teacher (2) to show you
　(3) finished cleaning my room (4) to do my homework

4 (1) 開けようとしました　(2) 英語の先生になるためです
　(3) すべき仕事がたくさんあります

5 (1) My father went to the park to take pictures.
　(2) I have no time to eat lunch.　(3) She started to make dinner.
　(4) Did you enjoy swimming in the sea?

21 接続詞

基本文1

「…だと思う」(that)

I think (**that**) he is kind.
(私は彼は親切だと思います)

ポイントチェック

▶「…だと思う」と言うときは，**think** のあとに〈[①   ]＋主語＋動詞 **...**〉を続ける。この that は「…ということ」の意味を表し，省略することができる。

「彼は親切です」　　　　　　　　　He is kind.

「彼は親切だと思います」　I think (that) he is kind.
　　　　　　　　　　　　　　〈(that)＋主語＋動詞〉が think の目的語

この that のように，2つの文をつなぐ働きをする語を**接続詞**という。

▶次の動詞も，〈that ...〉を目的語にとることができる。
・[②   ](…を信じる)　・[③   ](…を望む)
・[④   ](…を知っている)

I **believe** (that) she is right. （私は彼女は正しいと信じています）

基本文2

「もし…ならば，～」(if)

If you are busy, I will help you.
（もしあなたが忙しいなら，私が手伝いましょう）

ポイントチェック

▶「もしAならば，Bだ」と言うときは，〈[⑤   ] A, B.〉と言う。
この if は**接続詞**で，「もし…ならば」の意味を表す。

「もし忙しいなら，手伝いましょう」　**If** you are busy, I will help you.
　　　　　　　　　　　　　　　　〈If A〉　　　コンマ　〈B〉

▶〈if A〉は文の後半に置くこともできる。

I will help you **if** you are busy.
〈B〉　　　　コンマは不要　〈if A〉

コンマのありなしに注意！

この形のときは，2つの文の間にコンマをつける必要はない。

基本文 3 「…するとき，〜」(when)

When I got home, my mother was cooking.
（私が帰宅したとき，母は料理をしていました）

ポイントチェック

▶「Aのとき，Bだ」と言うときは，〈[⑥   ] A, B.〉と言う。
この when は**接続詞**で，「…するとき」の意味を表す。

「帰宅したとき，　　**When** I got home, my mother was cooking.
　料理していた」　　〈When A〉　　　　〈B〉

▶ if と同じように，〈when A〉を**文の後半**に置くこともできる。
My mother was cooking **when** I got home.
　　〈B〉　　　　　　　　　　〈when A〉

▶〈if ...〉や〈when ...〉の中では，**未来のこと**を言うときでも，動詞は**現在形**にする。
If it rains tomorrow, I will stay home.
　　現在形　　　　　　　（もし明日雨が降ったら，私は家にいるつもりです）

基本文 4 「…なので，〜」(because)

Because I am busy, I can't go with you.
（忙しいので，私はあなたといっしょに行くことができません）

ポイントチェック

▶「Aなので，Bだ」と言うときは，〈[⑦   ] A, B.〉と言う。
この because は**接続詞**で，「…なので」の意味を表す。

「忙しいので，行けない」　**Because** I am busy, I can't go with you.
　　　　　　　　　　　　　〈Because A〉　　　　〈B〉

▶ if や when と同じように，〈because A〉を**文の後半**に置くこともできる。
I can't go with you **because** I am busy.
　　〈B〉　　　　　　〈because A〉

解答 ① that ② believe ③ hope ④ know ⑤ If ⑥ When ⑦ Because

いまの実力を確認しよう

1 日本文に合う英文になるように，＿＿に正しい語を入れなさい。

(1) 私は明日晴れることを望んでいます。
　　I ＿＿＿＿ ＿＿＿＿ it will be sunny tomorrow.

(2) ひまなとき，私はたいてい音楽を聞きます。
　　＿＿＿＿ I'm free, I usually listen to music.

(3) おなかがすいていたので，私は食べ物がほしかったです。
　　I wanted some food ＿＿＿＿ I was hungry.

(4) あなたは彼がフランス語を話せるのを知っていますか。
　　Do you ＿＿＿＿ ＿＿＿＿ can speak French?

(5) もし明日ひまなら，サッカーをしましょう。
　　Let's play soccer ＿＿＿＿ you are free tomorrow.

(6) 昨日は雨が降っていたので，私はバスで学校に行きました。
　　＿＿＿＿ it was raining yesterday, I went to school by bus.

2 ＿＿に入る語を，下から選んで書きなさい。ただし，同じ語を２度使わないこと。

(1) I like summer ＿＿＿＿ I can enjoy swimming.

(2) I'll give you this notebook ＿＿＿＿ you like it.

(3) I think ＿＿＿＿ it will be rainy tomorrow.

(4) My sister was reading ＿＿＿＿ I came home.

| if | that | when | because |

3 英文の意味を日本語で書きなさい。

(1) If it rains tomorrow, I will not go out.
　　（　　　　　　　　　　　　），私は外出するつもりはありません。

(2) I didn't go out because it was so hot.
　　（　　　　　　　　　　　　），私は外出しませんでした。

(3) I know he is a university student.
　　私は（　　　　　　　　　　　　）。

(4) My brother was sleeping when I got home.
　　（　　　　　　　　　　　　），弟は寝ていました。

4 （　）内の日本語を英語にしなさい。

(1) I believe（彼は正しいと）.
　　I believe _____.

(2) I'll show her this picture（もし彼女が来たら）.
　　I'll show her this picture _____.

(3) （私が起きたとき）, it was raining.
　　_____, it was raining.

5 日本文に合う英文になるように, （　）内の語句を正しく並べ替えなさい。

(1) 彼女はとても親切なので, 私は彼女が好きです。
　　(like / because / . / is / , / very kind / I / her / she)

_____

(2) ロンドンにいたとき, 私は彼に会いました。
　　(met / when / I / him / . / London / was / I / in)

_____

(3) 私はビルは明日ここに来ると思います。
　　(Bill / I / come / think / . / here / will / tomorrow)

_____

(4) もしあなたが忙しいなら, 私が手伝いましょう。
　　(I'll / you / busy / help / are / you / . / if)

_____

○解答

1 (1) hope, that　(2) When　(3) because　(4) know, he　(5) if
　(6) Because

2 (1) because　(2) if　(3) that　(4) when

3 (1)もし明日雨が降ったら　(2)とても暑かったので
　(3)彼が大学生だと知っています　(4)私が帰宅したとき

4 (1)(that) he is right　(2)if she comes　(3)When I got up

5 (1) Because she is very kind, I like her.
　(2) I met him when I was in London.
　(3) I think Bill will come here tomorrow.
　(4) I'll help you if you are busy.

22 比較

> **基本文1** 「〜よりも…」や「いちばん…」（比較級・最上級）
>
> I am **taller than** Mike. （私はマイクよりも背が高いです）
> He is **the tallest** in our class.
> （彼は私たちのクラスの中でいちばん背が高いです）

ポイントチェック

▶ 2つのものや2人の人を比べて、「〜よりも…」と言うときは、〈比較級＋〔①　　　　　〕〜〉の形を使う。比較級とは、形容詞や副詞に **-er** をつけた形のこと。

「背が高い」　　　I am　tall.

「〜よりも背が高い」　I am │**taller**│ than Mike.
　　　　　　　　　　　　　　└〈比較級＋than 〜〉

> than は「〜よりも」という意味で、比較級といっしょに使うよ。

▶ 3つ以上のものや3人以上の人を比べて、「いちばん…」と言うときは、〈〔②　　　　　〕＋最上級〉の形を使う。最上級とは、形容詞や副詞に **-est** をつけた形のこと。

「背が高い」　　　　He is　tall.

「いちばん背が高い」　He is │**the tallest**│ in our class.
　　　　　　　　　　　　　　└〈the＋最上級〉

> the をつけ忘れないように注意！

▶ 「〜（の中）で」と言うときは、**in** か **of** を使う。**in** は**場所や範囲を表す語句**が続くとき、**of** は**複数のものを表す語句**が続くときに使う。

- **in** を使う… **in** my class（私のクラスの中で）, **in** Japan（日本で）など
- **of** を使う… **of** all（すべての中で）, **of** the three（3つ［3人］の中で）など

▶ 比較級・最上級は、次のようにして作る。

- ふつうはそのまま **-er** や **-est** をつける…tall — **taller** — **tallest**
- **e** で終わる語 → **-r** や **-st** をつける…large — **larger** — **largest**
- **y** を **i** にかえて **-er** や **-est** をつける…easy — **easier** — **easiest**
- 最後の1字を重ねて **-er** や **-est** をつける…big — **bigger** — **biggest**
- 不規則に変化する…good・well —〔③　　　　　〕—〔④　　　　　〕
　　　　　　　　　　many・much —〔⑤　　　　　〕—〔⑥　　　　　〕

64

基本文 2　「〜よりも…」や「いちばん…」（more, most を使った比較級・最上級）

This book is **more** interesting **than** that one.
（この本はあの本よりもおもしろいです）

This question is **the most** difficult of all.
（この問題はすべての中でいちばん難しいです）

ポイントチェック

▶比較的つづりの長い語の場合，比較級にするときは前に〔⑦　　　　　〕を，最上級にするときは前に〔⑧　　　　　〕をつける。

「〜よりもおもしろい」　This book is | more interesting | than that one.
　　　　　　　　　　　　　　　　　└〈比較級(more interesting)＋than 〜〉

「いちばん難しい」　This question is | the most difficult | of all.
　　　　　　　　　　　　　　　　　└〈the＋最上級(most difficult)〉

▶ more や most をつけて比較級・最上級を作る語には，次のようなものがある。
・〔⑨　　　　　〕（美しい）・〔⑩　　　　　〕（有名な）
・〔⑪　　　　　〕（人気のある）・〔⑫　　　　　〕（重要な）
・〔⑬　　　　　〕（ゆっくりと）・〔⑭　　　　　〕（すばやく）など

基本文 3　「〜と同じくらい…」（as … as 〜）

I run **as** fast **as** my brother.　（私は兄と同じくらい速く走ります）

ポイントチェック

▶2つのものや2人の人を比べて，「〜と同じくらい…」と言うときは，〈〔⑮　　〕…〔⑯　　〕〜〉を使う。as と as の間には，形容詞や副詞のもとの形（原級）を置く。

「速く走る」　　　　　　I run　　fast.

「〜と同じくらい速く走る」　I run | as | fast | as | my brother.
　　　　　　　　　　　　　〈as＋原級＋as〉

-er や -est はつかないよ。

解答　①than ②the ③better ④best ⑤more ⑥most ⑦more ⑧most ⑨beautiful ⑩famous ⑪popular ⑫important ⑬slowly ⑭quickly ⑮as ⑯as

いまの実力を確認しよう

1 日本文に合う英文になるように，____に正しい語を入れなさい。

(1) 私は姉よりも速く走ることができます。

　　I can run _____ _____ my sister.

(2) 彼は私の兄と同じ年です。

　　He is _____ _____ _____ my brother.

(3) この映画はあの映画よりも人気があります。

　　This movie is _____ _____ _____ that one.

(4) この問題はあの問題よりもやさしいです。

　　This question is _____ _____ that one.

(5) 私は3人の中でいちばん背が高いです。

　　I am the _____ _____ the three.

(6) トムはケビンよりも上手に歌うことができます。

　　Tom can sing _____ _____ Kevin.

(7) 彼は私たちのクラスの中でいちばん速く走ります。

　　He runs the _____ _____ our class.

2 （　）内から正しい語句を選んで，記号を○で囲みなさい。

(1) Sayaka runs as（ア　faster　　イ　fast）as Nao.

(2) This ball is（ア　bigger　　イ　biggest）than that one.

(3) This is the（ア　most beautiful　　イ　more beautiful）park in Japan.

(4) She has the（ア　more　　イ　most）books of us all.

(5) My mother gets up the（ア　earlier　　イ　earliest）in my family.

(6) This picture is the（ア　better　　イ　best）of all.

(7) Yuki is（ア　younger　　イ　youngest）than Emi.

3 （　）内の日本語を英語にしなさい。

(1) This cat is（4匹の中でいちばん小さい）.

　　This cat is _____.

(2) Your idea is（私のものよりもおもしろい）.

　　Your idea is _____.

(3) I can speak English（健太と同じくらい上手に）.

　　I can speak English _____.

(4) This question is（すべての中でいちばん難しい）.

　　This question is _____.

4 ( )内の語を正しい形にかえて，＿＿に書きなさい。かえる必要がなければ，そのまま書きなさい。

(1) This is the (good) computer of the five.

(2) I got up (early) than my mother this morning.

(3) He has (many) CDs than Yumi.

(4) My father is as (old) as my mother.

(5) Canada is (large) than Australia.

5 日本文に合う英文になるように，( )内の語句を正しく並べ替えなさい。

(1) この本は図書館の中でいちばん人気があります。

(popular / this book / is / . / the / the library / most / in)

(2) このコンピューターはこの店でいちばん新しいです。

(this shop / newest / in / the / . / this computer / is)

(3) この絵はあの絵と同じくらい有名です。

(is / that one / . / famous / as / this picture / as)

(4) あなたのえんぴつは私のものよりも長いです。

(mine / is / than / your pencil / . / longer)

○解答

1 (1) faster, than (2) as, old, as (3) more, popular, than (4) easier, than (5) tallest, of (6) better, than (7) fastest, in

2 (1)イ (2)ア (3)ア (4)イ (5)イ (6)イ (7)ア

3 (1) the smallest of the four (2) more interesting than mine (3) as well as Kenta (4) the most difficult of all

4 (1) best (2) earlier (3) more (4) old (5) larger

5 (1) This book is the most popular in the library.
(2) This computer is the newest in this shop.
(3) This picture is as famous as that one.
(4) Your pencil is longer than mine.

23 会話表現(1) ― 電話

会話表現 1 電話をかける

A: **Hello?** （もしもし）

B: **Hello.** （もしもし）
　This is Keiko. （恵子です）
　May I speak to Jane**, please?** （ジェーンをお願いします）

A: **Speaking.** （私です）
　Hi, Keiko. （こんにちは，恵子）
　What's up? （どうしたのですか）

ポイントチェック

▶ 電話を受けて「もしもし」と言うときは，〈**Hello?**〉を使う。
　電話をかけた側もそれに答えて，〈**Hello.**〉と言う。

▶「…です」と名乗るときは，〈**This is ....**〉と言う。
　電話のときはふつう，〈I am ....〉ではなく〈This is ....〉を使う。

▶ 電話で「…をお願いします」と取り次ぎをたのむときは，
　〈[①　　　] [②　　　] **speak to ..., please?**〉と言う。
　〈May I ...?〉は「…してもいいですか」と相手に許可を求めるときに使う表現。
　〈Can I ...?〉とほぼ同じ意味を表すが，may を使った方がよりていねいな言い方になる。

▶〈May I speak to ..., please?〉と聞かれ，自分あてだった場合は，
　〈**Speaking.**〉(私です)と答える。
　他の人に取り次ぐ場合は，次のようなやり取りになる。
　May I speak to Jane, please?　（ジェーンをお願いします）
　― Sure. **Just a minute.** （はい。少々お待ちください）

その他の電話の表現①
- **Hold on, please.** （(電話を切らずに)お待ちください）
- **Thank you for calling.** （お電話ありがとうございます）
- **May I have your name, please?**
　（お名前を教えてください）

会話表現 2 — 相手が不在の場合

A: Hello. （もしもし）
   This is Sam. （サムです）
   Is this Mrs. Kato? （加藤さんですか）
B: Yes. （はい，そうです）
A: May I speak to Kenji, please? （健二をお願いします）
B: Sorry, he **is out** now. （ごめんなさい，今外出しています）
   Can I take a message? （伝言を預かりましょうか）
A: **No, thank you.** （いいえ，結構です）
   I'll call back later. （あとでかけ直します）

ポイントチェック

▶電話で「…さんですか」と確認するときは，〈**Is this ...?**〉と言う。

▶取り次ぐ人が不在であることを伝えるときは，
〈**... is**〔③　　　〕**.**〉（…は外出しています）などと言う。

▶電話を受け，取り次ぐ人が不在で「伝言を預かりましょうか」と言うときは，
〈**Can I take a message?**〉と言う。ここでの **take** は「…を受け取る」という意味を表す。

〈Can I take a message?〉と聞かれたときは，次のように答える。
● お願いするとき…**Yes, please.** （はい，お願いします）と言い，伝言内容を伝える。
● 断るとき…**No, thank you.** （いいえ，結構です）

▶相手が不在で，「あとでかけ直します」と言うときは，〈**I'll call back later.**〉と言う。〈call back〉は「電話をかけ直す」という意味を表す。

その他の電話の表現②
- **Can I leave a message?** （伝言をお願いできますか）
- **Can you call back later?** （あとで折り返してもらえませんか）
- **You have the wrong number.** （番号を間違えています）

解答
① May   ② I   ③ out

24 会話表現(2) ― 道案内

会話表現1 道順をたずねる，教える

A: Excuse me. （すみません）
　 How can I get to the post office?
　 （郵便局へはどう行けばいいですか）
B: Go down this street. （この通りを行ってください）
　 Turn right at the second traffic light.
　 （2つ目の信号を右に曲がってください）
　 You'll see it on your left. （左手に見えます）
A: Thank you. （ありがとうございます）
B: You're welcome. （どういたしまして）

ポイントチェック

▶「…へはどう行けばいいですか」と道順をたずねるときは，〈[①　　　] can I get to ...?〉と言う。〈get to ...〉は「…へ着く」という意味を表す。

▶道順を教えて，「…を行ってください」と言うときは，〈Go down ....〉を使う。ここでの down は「…に沿って」という意味を表す。

▶道順を教えて，「…を右[左]に曲がってください」と言うときは，〈Turn right[left] at ....〉を使う。

▶目的地の位置を示して，「…は左手[右手]に見えます」と言うときは，〈You'll see ... on your left[right].〉を使う。

▶道案内でよく使う語句には，次のようなものがある。
- right（右（に））
- left（左（に））
- [②　　　]（通り）
- [③　　　]（曲がり角）
- [④　　　] [⑤　　　]（信号）
- [⑥　　　]（まっすぐに）

その他の道案内の表現①
- I'm looking for the library. （図書館を探しているのですが）
- Will you tell me the way to the library?
　（図書館への行き方を教えてくれませんか）
- Go straight. （まっすぐ行ってください）

学習日： 月 日

> **会話表現 2**　乗り物での行き方をたずねる，教える

A : Excuse me. （すみません）
　　Which bus goes to Tokyo Station**?**
　　（どのバスが東京駅に行きますか）
B : **Take** Bus No.2. （2番のバスに乗ってください）
A : I see. （わかりました）
　　Where should I get off? （どこで降りればいいですか）
B : **Get off at** Eki-mae. （駅前で降りてください）
A : **How long does it take?** （どのくらいかかりますか）
B : About ten minutes. （約10分です）

ポイントチェック

▷「どのバス[電車]が…に行きますか」と，目的地へ行く乗り物がどれかをたずねるときは，〈[⑦　　　　] **bus[train] goes to ...?**〉と言う。

▷「…に乗ってください」と言うときは，〈**Take ....**〉を使う。この take は「（乗り物）に乗る」という意味を表す。

▷「どこで降りればいいですか」とたずねるときは，
〈[⑧　　　　] **should I get off?**〉と言う。should は「…すべき」という意味を，〈get off〉は「降りる」という意味をそれぞれ表す。
降りる場所を教えるときは，〈**Get off at ....**〉「…で降りてください」と言う。

▷「どのくらい（時間が）かかりますか」と所要時間をたずねるときは，
〈[⑨　　　] [⑩　　　　] **does it take?**〉と言う。ここでの take は「（時間が）かかる」という意味を表す。また，**主語の it** は「時」を表す it のため，**日本語には訳さない**。

その他の道案内の表現 ②

- **Does this bus[train] go to** Tokyo Station?
  （このバス[電車]は東京駅に行きますか）
- **Take** the Chuo Line **to** Tokyo Station.
  （東京駅まで中央線に乗ってください）
- **Change trains** there. （そこで電車を乗り換えてください）

解答　① How　② street　③ corner　④ traffic　⑤ light　⑥ straight　⑦ Which　⑧ Where　⑨ How　⑩ long

いまの実力を確認しよう

1 日本文に合う英文になるように，＿＿＿に正しい語を入れなさい。

(1) あとでかけ直します。
I'll ＿＿＿＿＿＿＿ ＿＿＿＿＿＿＿ later.

(2) どこで降りればいいですか。
Where should I ＿＿＿＿＿＿＿ ＿＿＿＿＿＿＿?

(3) スーパーマーケットを探しているのですが。
I'm ＿＿＿＿＿＿＿ ＿＿＿＿＿＿＿ a supermarket.

(4) [電話で]京子をお願いします。　― 私です。
＿＿＿＿＿＿＿ ＿＿＿＿＿＿＿ speak to Kyoko?　― ＿＿＿＿＿＿＿.

(5) 少々お待ちください。
＿＿＿＿＿＿＿ a ＿＿＿＿＿＿＿.

(6) 伝言を預かりましょうか。　― はい，お願いします。
＿＿＿＿＿＿＿ ＿＿＿＿＿＿＿ ＿＿＿＿＿＿＿ a message?　― Yes, ＿＿＿＿＿＿＿.

(7) 東京駅まで中央線に乗ってください。
＿＿＿＿＿＿＿ the Chuo Line ＿＿＿＿＿＿＿ Tokyo Station.

(8) そこで電車を乗り換えてください。
＿＿＿＿＿＿＿ ＿＿＿＿＿＿＿ there.

2 次の電話での対話を読んで，あとの問いに答えなさい。

A : Hello?
B : Hello. ①(＿＿＿＿＿)(＿＿＿＿＿) Ken.
　　②(to / may / Jim / , / speak / ? / I / please)
A : Sorry, he is out now.
B : OK. ③Can I (＿＿＿＿＿) a message?
A : Sure.

(1) 下線部①が「健です」という意味になるように，(　)内に適する語を書きなさい。
　　(＿＿＿＿＿)(＿＿＿＿＿) Ken.

(2) 下線部②が「ジムをお願いします」という意味になるように，(　)内の語を正しく並べ替えなさい。

　　＿＿＿＿＿＿＿＿＿＿＿＿＿＿＿＿＿＿＿＿＿＿＿＿＿＿＿＿＿＿＿＿＿＿＿

(3) 下線部③が「伝言をお願いできますか」という意味になるように，(　)内に適する語を書きなさい。
　　Can I (＿＿＿＿＿) a message?

3 次の道案内での対話を読んで，あとの問いに答えなさい。

A: Excuse me. ①(can / get / how / to / I / ? / the station)
B: Go (②) this street. Turn left (③) the second corner. ④( ) see it ( ) your ( ).

(1) 下線部①が意味の通る英文になるように，(　)内の語句を正しく並べ替えなさい。

(2) 本文中の②③に入る語を，右から選んで書きなさい。　　at　of　down
②(　　　) ③(　　　)

(3) 下線部④が「それは右手に見えます」という意味になるように，(　)内に適する語を書きなさい。
(　　　) see it (　　　) your (　　　).

4 日本文に合う英文になるように，(　)内の語句を正しく並べ替えなさい。

(1) 駅への行き方を教えてくれませんか。
(tell / the station / will / ? / the way / you / to / me)

(2) どのバスが病院に行きますか。
(bus / goes / the hospital / to / ? / which)

(3) どのくらいかかりますか。
(long / it / ? / how / take / does)

○解答

1 (1) call, back　(2) get, off　(3) looking, for　(4) May, I, Speaking
(5) Just, minute　(6) Can, I, take, please　(7) Take, to
(8) Change, trains

2 (1) This, is　(2) May I speak to Jim, please?　(3) leave

3 (1) How can I get to the station?　(2)② down　③ at
(3) You'll, on, right

4 (1) Will you tell me the way to the station?
(2) Which bus goes to the hospital?　(3) How long does it take?

73

25 会話表現(3)―買い物

会話表現1 買い物をする

A: **May I help you?** (いらっしゃいませ)
B: **Yes, please.** (はい, お願いします)
 I'm looking for a black bag. (黒のかばんを探しています)
A: **How about** this one? (こちらはいかがですか)
B: I like it. (気に入りました)
 How much is it? (いくらですか)
A: It's 5,000 yen. (5,000円です)
B: OK. **I'll take it.** (わかりました。それをください)

ポイントチェック

▷店員が客に対して「いらっしゃいませ」と言うときは,〈**May I help you?**〉を使う。

〈May I help you?〉と聞かれたときは,次のように答える。
- ●お願いするとき…**Yes, please.** (はい, お願いします)
- ●断るとき…**No, thank you. I'm just looking.**
 (いいえ, 結構です。見ているだけです)

▷「…を探しているのですが」と,店で探しているものを伝えるときは,〈**I'm looking for ….**〉と言う。

▷「…はどうですか」とものをすすめるときは,〈**How about …?**〉と言う。

▷「…はいくらですか」と値段をたずねるときは,
 〈[①   ][②   ] is …?〉と言う。
主語が複数のときは,〈How much are …?〉となる。
How much are these shoes? (このくつはいくらですか)

▷買い物で「…をください」と言うときは,〈**I'll take ….**〉を使う。ここでの take は「…を買う」という意味を表す。

その他の買い物の表現①
- ●**What color are you looking for?** (何色をお探しですか)
- ●**What size are you looking for?**
 (どのサイズをお探しですか)
- ●**Here's your change.** (はい, おつりです)

会話表現 2　試着する

A: May I help you?　(いらっしゃいませ)
B: Yes, please.　(はい，お願いします)
　　I like this T-shirt.　(このTシャツが気に入りました)
　　Can I try it **on?**　(試着してもいいですか)
A: Sure.　(はい，どうぞ)
B: **It's too small for me.**　(私には小さすぎます)
A: **Shall I show you a bigger one?**
　　(もう少し大きいのをお見せしましょうか)
B: **Yes, please.**　(はい，お願いします)
A: Here you are.　(はい，どうぞ)

ポイントチェック

▶「…を試着してもいいですか」とたずねるときは，〈**Can I try ... on?**〉と言う。
　〈try ... on〉で「…を試着する」という意味を表す。

▶「それは私には小さすぎ[大きすぎ]ます」と言うときは，
　〈**It's** **too small**[**big**] **for me.**〉などと言う。too は「…すぎる」という意味を表す。

▶「もう少し大きい[小さい]のをお見せしましょうか」と申し出るときは，
　〈[③　　　] [④　　] **show you a bigger**[**smaller**] **one?**〉と言う。
　〈Shall I ...?〉は「(私が)…しましょうか」と相手に申し出るときに使う表現。
　〈Shall I ...?〉と聞かれたときは，次のように答える。
　●申し出を受けるとき…**Yes, please.**　(はい，お願いします)
　●申し出を断るとき…**No, thank you.**　(いいえ，結構です)

その他の買い物の表現 ②

● **Will you show me another one?**
　(別のを見せてくれませんか)
● **Do you have a bigger**[**smaller**] **one?**
　(もう少し大きい[小さい]のはありますか)
● **Do you have one in** blue?　(青いのはありますか)

解答
①How　②much　③Shall　④I

26 会話表現(4) ― 許可・依頼・ものをすすめる

> **会話表現 1**　許可を求める
>
> A: **Can I** use your bike?（あなたの自転車を使ってもいいですか）
> B: **Sure.**（いいですよ）

ポイント チェック

▶「…してもいいですか」と相手に許可を求めるときは，
〈[①　　　][②　　　]…?〉と言う。〈May I …?〉もほぼ同じ意味を表すが，
〈Can I …?〉よりもていねいな言い方になる。

▶〈Can I …?〉と聞かれたときは，次のように答える。
　●許可するとき…**Sure.**（いいですよ）／**OK.**（いいですよ）／**All right.**（いいですよ）
　　／**Of course.**（いいですよ）／**No problem.**（いいですよ）など
　●許可しないとき…**I'm sorry, but you can't.**（すみませんが，だめです）と
　　言い，理由を付け加える。

　Can I use your bike?（あなたの自転車を使ってもいいですか）
　— I'm sorry, but you can't. My mother is using it now.
　　（すみませんが，だめです。母が今使っているのです）

> **会話表現 2**　依頼する
>
> A: **Can you** help me?（手伝ってくれませんか）
> B: **All right.**（いいですよ）

ポイント チェック

▶「…してくれませんか」と相手に依頼するときは，
〈[③　　　][④　　　]…?〉と言う。〈Will you …?〉もほぼ同じ意味を表す。

▶〈Can you …?〉と聞かれたときは，次のように答える。
　●引き受けるとき…**Sure.**／**OK.**／**All right.**／**Of course.**／**No problem.** など
　●断るとき…**I'm sorry, but I can't.**（すみませんが，できません）と言い，理由
　　を付け加える。

　Can you help me?（手伝ってくれませんか）
　— I'm sorry, but I can't. I'm busy now.
　　（すみませんが，できません。私は今忙しいのです）

学習日： 月 日

会話表現 3 ていねいに依頼する

A: **Could you** help me with my work?
（仕事を手伝っていただけませんか）
B: **No problem.** （いいですよ）

ポイントチェック

▶「…していただけませんか」とていねいに依頼するときは，〈[⑤　　　] [⑥　　　] …?〉と言う。〈**Would you …?**〉もほぼ同じ意味を表す。

▶〈Could you …?〉と聞かれたときは，〈Can you …?〉のときと同じように，次のように答える。

●引き受けるとき…**Sure./OK./All right./Of course./No problem.** など
●断るとき…**I'm sorry, but I can't.** と言い，理由を付け加える。

会話表現 4 ものをすすめる

A: **Would you like** something to drink?
（何か飲み物はいかがですか）
B: **Yes, please.** （はい，お願いします）
　　I would like some tea. （紅茶がほしいです）

ポイントチェック

▶「…はいかがですか」と相手に何かをすすめるときは，〈[⑦　　　] you like …?〉と言う。
この文は**疑問文**だが，**something** や **some** を使う。
Would you like <u>some</u> coffee? （コーヒーはいかがですか）

▶〈Would you like …?〉と聞かれたときは，次のように答える。

●お願いするとき…**Yes, please.** （はい，お願いします）
●断るとき…**No, thank you.** （いいえ，結構です）

▶「…がほしいです」とていねいに言うときは，〈**I would like ….**〉を使う。
I would は [⑧　　　] と短縮されることが多い。

形は疑問文でも，何かをすすめるときは，some を使うよ。

解答

①Can ②I ③Can ④you ⑤Could ⑥you ⑦Would ⑧I'd

いまの実力を確認しよう

1 日本文に合う英文になるように、＿＿に正しい語を入れなさい。

(1) [May I help you? と聞かれ] いいえ，結構です。見ているだけです。
　　No, ＿＿＿＿＿ ＿＿＿＿＿. I'm just ＿＿＿＿＿.

(2) それは私には大きすぎます。
　　It's ＿＿＿＿＿ big ＿＿＿＿＿ me.

(3) もう少し大きいのはありますか。
　　Do you ＿＿＿＿＿ a ＿＿＿＿＿ one?

(4) もう少し小さいのをお見せしましょうか。
　　＿＿＿＿＿ ＿＿＿＿＿ show you a smaller one?

(5) 別のを見せてくれませんか。
　　＿＿＿＿＿ ＿＿＿＿＿ show me ＿＿＿＿＿ one?

(6) あなたのペンを使ってもいいですか。　— いいですよ。
　　＿＿＿＿＿ ＿＿＿＿＿ use your pen?　— All ＿＿＿＿＿.

2 次の買い物での対話を読んで，あとの問いに答えなさい。

A : ①(you / I / help / ? / may)
B : Yes, please. I'm looking for a cap.
A : ②(＿＿＿＿)(＿＿＿＿) this blue one?
B : That's nice. ③(＿＿＿＿)(＿＿＿＿) is it?
A : It's 2,000 yen.
B : OK. ④I'll (＿＿＿＿) it.

(1) 下線部①が意味の通る英文になるように，(　)内の語を正しく並べ替えなさい。
　　_____

(2) 下線部②が「この青いのはどうですか」という意味になるように，(　)内に適する語を書きなさい。
　　(＿＿＿＿)(＿＿＿＿) this blue one?

(3) 下線部③の(　)内に適する語を書きなさい。
　　(＿＿＿＿)(＿＿＿＿) is it?

(4) 下線部④が「それをください」という意味になるように，(　)内に適する語を書きなさい。
　　I'll (＿＿＿＿) it.

3 意味の通る対話になるように，＿＿に正しい語を入れなさい。

(1) *A* : Can you help me now?
    B : I'm sorry, but ＿＿＿＿ can't. I'm busy now.

(2) *A* : Could ＿＿＿＿ read this English letter for me?
    B : Of ＿＿＿＿.

(3) *A* : ＿＿＿＿ ＿＿＿＿ use this room?
    B : I'm sorry, but you can't. We are going to use it.

(4) *A* : ＿＿＿＿ ＿＿＿＿ like something to drink?
    B : Yes, please. ＿＿＿＿ like some coffee.

4 日本文に合う英文になるように，（　）内の語句を正しく並べ替えなさい。

(1) これを試着してもいいですか。
    (try / on / ? / I / this / can)

(2) もう少し大きいのをお見せしましょうか。
    (one / I / show you / a / ? / shall / bigger)

(3) 何か食べ物はいかがですか。
    (eat / would / to / something / ? / like / you)

(4) これらの箱を運んでいただけませんか。
    (carry / you / these boxes / ? / could)

◯解答

1 (1) thank, you, looking　(2) too, for　(3) have, bigger
　　(4) Shall, I　(5) Will[Can], you, another
　　(6) Can[May], I, right

2 (1) May I help you?　(2) How, about　(3) How, much　(4) take

3 (1) I　(2) you, course　(3) Can[May], I　(4) Would, you, I'd

4 (1) Can I try this on?　(2) Shall I show you a bigger one?
　　(3) Would you like something to eat?
　　(4) Could you carry these boxes?

会話表現

79

まとめて覚えたい単語 — 数字・曜日・月

数字

1	one
2	two
3	three
4	four
5	five
6	six
7	seven
8	eight
9	nine
10	ten
11	eleven
12	twelve
13	thirteen
14	fourteen
15	fifteen
16	sixteen
17	seventeen
18	eighteen
19	nineteen
20	twenty
30	thirty
40	forty
50	fifty
60	sixty
70	seventy
80	eighty
90	ninety
100	one hundred

曜日

日曜日	Sunday
月曜日	Monday
火曜日	Tuesday
水曜日	Wednesday
木曜日	Thursday
金曜日	Friday
土曜日	Saturday

月

1月	January
2月	February
3月	March
4月	April
5月	May
6月	June
7月	July
8月	August
9月	September
10月	October
11月	November
12月	December

正しく書けるようになるまで，何度も練習しよう！